Heinz Grill

Die Seelendimension
des Yoga

Praktische Grundlagen zu einem spirituellen Übungsweg

Heinz Grill

Die Seelendimension des Yoga

Praktische Grundlagen zu einem
spirituellen Übungsweg

Bibliografische Information der Deutschen Bibliothek
Die Deutsche Bibliothek verzeichnet diese Publikation in der deutschen
Nationalbibliografie; detaillierte bibliografische Daten sind im Internet über
http://dnb.ddb.de abrufbar.

Völlig überarbeitete Neuausgabe des bisher im Hugendubel Verlag
erschienenen Titels.
Copyright 2003 bei
Lammers-Koll Verlag GbR
Leopoldstraße 1
D-75223 Niefern-Öschelbronn
Alle Rechte vorbehalten

2. Auflage 2005

ISBN 3-935925-60-3

Fotos: R. R.
Zeichnungen: R. R.
Gestaltung und Satz: Rosa Michlbauer, Albert Wimmer
Druck: Vochezer-Druck, D-83301 Traunreut

Inhalt

Zum Gebrauch dieses Buches   9

Die Seelendimension des Yoga   13
- (1) Die Suche nach Weisheit und Liebe der höheren Welten ruht in der Seele
- (2) Benennung der Hauptpfade des Yoga in Bezug zur Seele
- (3) Die Erfassung des Begriffes »Yoga«
- (4) Yoga wird nicht praktiziert, sondern als ideale Haltung erreicht
- (5) Äußere Ansätze zu Yoga gibt es überall
- (6) Wahrung der Bewusstseinsunterschiede
- (7) Entwicklung eines wahren Motives
- (8) Der Geist ist die führende Dimension des Menschseins
- (9) Die innere Entwicklung führt zur äußeren Wandlung
- (10) Die Seele ist kosmischer Natur
- (11) Der Weg führt vom Geist zum Körper
- (12) Die Seele lässt sich im Spiegelbild des anderen entdecken
- (13) Überwindung der materiellen Illusion
- (14) Die Erhebung des Selbstwertgefühls von innen

Die verschiedenen Regionen des Seelenlebens   20
- (15) Die Seele sucht von innen eine Ausdehnung und tiefe Teilnahme
- (16) Das Bewusstsein ist gleichzusetzen mit dem Astralleib
- (17) Die Sehnsucht nach Ausdehnung ist Sehnsucht nach Tiefe
- (18) Die Ordnung des Astralleibes geschieht über eine Entwicklung von wahren, tiefen Gefühlen
- (19) Die Tiefe und die Oberfläche des Bewusstseins
- (20) Mit dem Tod geht die Seele in den Kosmos ein
- (21) Die Erfahrungen gestalten sich zum Seelenleib aus
- (22) Die Seele will ihre Qualitäten finden und steigern
- (23) Bewusstseinsarbeit führt zur Entwicklung der *cakraḥ*
- (24) Das erste Zentrum umschließt die Urbildekraft
- (25) Nicht äußeres Begehren, sondern innere Entschlossenheit zeichnen die Übung
- (26) Das zweite Zentrum bildet das Urvertrauen in höhere Werte
- (27) Empfindungsfreudiges, dynamisiertes Hingeben regt das zweite Zentrum an
- (28) Das dritte Zentrum ist durch die Zielstrebigkeit gekennzeichnet
- (29) Die Entwicklung von Weite in den Übungen
- (30) Inhaltliche und aktive Gestaltung führt zur Entwicklung des Herzens
- (31) Eigenaktive Bewusstseinsauseinandersetzung fördert das Herzzentrum
- (32) Die Offenheit ist Kennzeichen des fünften Zentrums
- (33) Der Übende lernt Loslösung und Neuanfang
- (34) Der Unterschied von Intellektualismus und Gedankenkraft
- (35) Die Konzentration ist frei vom Körper
- (36) Das transzendente Erleben des Gedankens
- (37) Der Gedanke wird zum Ausdruck selbst
- (38) Die Erkenntnisbildung zu den Übungen führt zur Einkehr nach innen

Die Entwicklung von Aufmerksamkeit, Konzentration und Beziehungsfähigkeit   32

    (39) Die Expression der *āsana* lässt Rückschlüsse auf das Seelenleben erkennen
    (40) Die Übung ist das Instrument, das Bewusstsein der Akteur
    (41) Die Erkenntnis wird zur Seelengrundlage
    (42) Die Aufmerksamkeit erfordert die Überwindung aller Routine
    (43) Die Ordnung der Betrachtung in eine unvoreingenommene, emotionsfreie Gegenwart
    (44) Die Gefühle des Äußeren weichen dem inneren Wahrheitsempfinden

Der Beginn eines Bewusstseinsweges mit Übungen   36

    (45) Bewusste Aktivität zur Perzeption und Gedankenbildung
    (46) Das Studium ist bis in die Tiefe der Gefühle zu richten
    (47) Progressive Wünsche anstelle von Zwängen
    (48) Der Ätherleib wird durch das wiederholte Üben eingestimmt
    (49) Die Wiederholung über Grenzen hinweg führt zur tieferen Empfindungsbildung
    (50) Die Wiederholung erschafft das innere Empfindungswesen
    (51) Vernunft und Zielstrebigkeit bilden ein gesundes Erden-Ich
    (52) Das Studium erfordert die Balance aus der persönlichen Maßeinteilung

Die verschiedenen Energien bei Yoga, drei verschiedene Ausstrahlungen der Aura   40

    (53) Die Unterscheidung der Energien hilft zur Selbststabilisierung
    (54) Die Begierde lebt im Inneren
    (55) Existentielle Bedürfnisse zählen nicht zur Begierde
    (56) Die Lebensenergie zählt zum Ätherleib
    (57) Die Lebensenergie zentriert sich in den *cakraḥ*
    (58) Die Beobachtung des *prāṇa* führt zur größeren Körperfreiheit
    (59) Die *buddhi* ist die Kraft des Bewusstseins selbst
    (60) Die *buddhi* bringt die Aura zu einem kristallbildenden Strahlen

Die *āsana* ist mehr als eine Körperübung   44

Innere Ruhe   46

Die inhaltliche Gestaltung des Lebens   50
Die Entwicklung des Fühlens eines inneren Zentrums im Herzen
Das *anāhata-cakra*

    Eine Übung zur Sinnesempfindung der Wirbelsäule,   52
    pārśva parivṛtta trikoṇāsana

    Die Zehenspitzenstellung, *pādāṅguṣṭhāsana*   58

Der Baum, *tāḍāsana*	64
Das Andreaskreuz, *saṁdhisthāna*	68
Der Schulterstand, *sarvāṅgāsana*	70

Die Entwicklung von Weite im Ausdruck des *maṇipūra*-Zentrums — 74

Der Pflug, *halāsana*	76
Die Kopf-Knie-Stellung, *paścimottānāsana*	82
Der Bogen, *dhanurāsana*	90
Das Kamel, *uṣṭrāsana*	94
Das Dreieck, *trikoṇāsana*	100

Die Offenheit aus dem Hier und Jetzt — 108
Loslösung und Neuanfang
Das *viśuddha-cakra*

Die Yoga-Geste, *yoga-mudrā*	110
Der Fisch, *matsyāsana*	114
Der Halbmond, *āñjaneyāsana*	118
Die gewinkelte Kopf-Knie-Stellung, *eka pāda padma paścimottānāsana*	122

Die Entwicklung von Vertrauen, Empfindungskraft und innerem Bildevermögen — 128
Das *svādhiṣṭhana-cakra*

Die stehende Kopf-Knie-Stellung, *uttānāsana*	130
Die Heuschrecke, *śalabhāsana*	136
Die weite Dehnung, *koṇāsana*	142

Die Entwicklung einer projektionsfreien Bewusstseinskraft — 148
Das *ājñā-cakra*

Der Drehsitz, *ardha matsyendrāsana*	150
Der Kopfstand, *śirṣāsana*	156
Die Kobra, *bhujaṅgāsana*	162

Die Förderung der Urbildekraft und die Entwicklung einer frei verfügbaren Entschlossenheit Das *mūlādhāra-cakra*	168
Die Beinstellung, *utthita eka pāda hastāsana*	170
Die Schiefe Ebene, *pūrvottānāsana*	176
Die Pfauenstellung, *mayūrāsana*	180
Die Entwicklung von vollständiger Körperfreiheit Das *sahasrāra-cakra*	184
Der Lotus, *padmāsana*	186
Der Skorpion, *vṛścikāsana*	188
Das Pferd, *vātāyanāsana*	190
Eine methodische Reihe zum Übungsaufbau	195
Das Sonnengebet, *sūrya namaskara*	200
Eine Meditation zu den drei Kreisen	208

Zum Gebrauch dieses Buches

Es gibt unterschiedliche Arten, wie über eine geistige Disziplin wie es der Yoga ist, ein Buch verfasst werden kann. Die eine und geläufigste Weise ist es, Beschreibungen über das Thema als Informationen dem Leser weiterzugeben und Übungen vorzustellen, die der Interessierte dann nachahmend praktiziert. Bei dieser Art konventioneller Darstellung umkreist die Information nur den Gegenstand, versucht ihn von außen zu erfassen, analysiert mit intellektuellen Begriffen das zu erstrebende Ideal und prägt auf diese Weise eine Anzahl von philosophisch abstrakten Schlussfolgerungen oder theologische Leitsätze. Die Essenz des authentischen Geistes lebt jedoch in den seltensten Fällen in den informativen Darstellungen über Yoga.

Die andere Art, die wie ein Gegensatz zur informativen Darstellung ist, prägt sich aus der Erfahrung und gibt unmittelbar in anschaulichen, gleichnishaften und sorgfältig ausgewählten Worten das innere Geschehen wieder. Das Wort ist dann lebendig, besitzt Kraft, Farbe, Inhalt und Liebe. Die Darstellungen der Inhalte und die Bilder über die Übungen sprechen dann nicht mehr zum utilisierenden Intellekt, sondern zur inneren Seele.

So gibt es Auflistungen aus Informationen über das geistige Leben, und es gibt im Gegensatz dazu unmittelbare inhaltliche Darstellungen des geistigen Lebens.

Dieses Buch ist wie alle andere Literatur, die von mir verfasst ist, eine unmittelbare inhaltliche Beschreibung über die seelischen und geistigen Welten. Diese Beschreibungen sind nicht als bloße Informationen und nicht als eine Art Theologie anzunehmen, sie sind verlebendigte Darstellungen einer Wirklichkeit, die den profunden Weisheiten des Kosmos und der Weltenschöpfung entspricht. Wir müssen deshalb dieses Buch nach Inhalten lesen lernen und müssen von der Gewohnheit, nur Informationen zu sammeln und die Übungen in einer Art Konsumübernahme zu praktizieren, Abstand nehmen. Ein wahrhaftiges Lernen und Einstudieren dieser Inhalte ist für denjenigen, der sich den seelischen und geistigen

Welten annähern will, notwendig. Mit dem bloßen Sammeln von Informationen wird man dieser Schrift nicht wirklich näher kommen.

Die beginnenden Kapitel sind nach Absätzen in zentrale Hauptgedanken gegliedert. Diese Hauptgedanken befinden sich im Inhaltsverzeichnis vermerkt. Dadurch ist es leichter, den zentralen Hauptgedanken, der ausgedrückt wird und der zur Erfahrung gelangen soll, leichter zu erfassen und ihn auch leichter eigenständig zu denken.

Lesen Sie nur einige wenige Absätze, eventuell auch nur einen einzigen Absatz oder maximal nur ein Kapitel und lassen Sie dann den oder die zentralen Gedanken in der Bewusstseinserinnerung nachklingen. Sie werden beim Lesen bemerken, dass Sie öfters die Zeilen wiederholen und die Erinnerung durch ein sorgfältiges Nachsinnen einprägen müssen. Nicht durch ein schnelles Lesen lässt sich der Hauptgedanke erfassen, nur durch ein wiederholtes, einfühlsames und konzentriertes Hinschauen und eigenständiges Nachdenken rückt der zentrale Gedanke näher und gewinnt seine feinsinnige Aussage. Es ist die Disziplin vergleichbar, wie wenn Sie auf einen in der Ferne klingenden Ton hinhorchen, der erst bei der Entwicklung einer sorgfältigen Aufmerksamkeit an das Innenohr heranklingt und so in seiner Sensitivität vernommen wird. Ebenso rückt der Gedanke aus den kosmischen Höhen heran und beginnt, seine feinsinnige Ausstrahlung auf Ihr inneres Gemüt zu richten. Indem eine sorgfältige Aufmerksamkeit und Erinnerungstätigkeit auf das Lesen ausgerichtet wird, rückt die sensitive Weisheit und die feine Seelenstimmung, die in den Worten enthalten ist, Ihrem Empfindungsleben näher. Sie werden beim Lesen bemerken, wie Ihnen die geistige und seelische Welt ganz langsam entgegengeht.

Achten Sie beim Lesen dieser Inhalte darauf, dass Sie nicht vorschnell Bewertungen, Urteile oder vorschnelle Kritikpunkte für das Gelesene anbringen. Für das Lesen müssen Sie sich von äußeren Vorurteilen und Voreingenommenheiten frei machen, denn sonst verhindern Sie die wirkliche innere Urteilsbildung und sensitive Empfangsbereitschaft für die wirkliche Aussage. Manche Kritiker behaupten, man würde Abhängigkeiten verfallen, wenn man nicht sofort Kritik und Beurteilung an dem Gelesenen anbringt. Welche Einstellung verkündet sich jedoch in solchen Meinungen? Der heutige Bürger der Zeit dürfte sich demnach nicht mehr mit

Intensität, wirklicher Aufmerksamkeit und einem wahrhaftigen Drang nach Wissen und Einsicht den Schriften einer spirituellen Botschaft hinwenden. Nur wenn man sich auf wirkliche Weise den spirituellen Wahrheiten inhaltlich hinwenden kann und das Vermögen zu tieferer Beurteilung und Weisheit ausprägt, kann das innere Leben frei werden. Diese Freiheit lebt sowohl in diesem Yoga als auch in der ganzen Art Methodik, wie man sich diesen Dimensionen des Bewusstseins annähert.

Die Seelendimension des Yoga

Das Wort »Yoga« kommt von der Sanskritwurzel *yuj*, die so viel heißt wie »verbinden«. Yoga ist ein Weg, der die Verbindung mit den inneren Welten der Weisheit und den Schöpferkräften, mit dem geistigen Ursprung, mit dem inneren Selbst, *parātman*, und mit der geistigen Kraft der Liebe sucht. Es ist der aktive Pfad der spirituellen Lebensmeisterschaft, der eine geordnete Disziplin und eine weise Führungskraft aus der individuellen Seele, die sich zu den universalen, ewigen Gesetzen in Beziehung bringt, voraussetzt. Die individuelle Seele, *jīva*, sucht ihre weisheitsvolle Annäherung und Verbindung zu dem universellen Ganzen oder den höheren Welten, sie trachtet nach der Überwindung aller begrenzenden, teilenden, kleinlichen und engen Vorstellungen und erstrebt ein Bewusstsein der Übereinstimmung und der Einheit im Geiste und wahrt zugleich eine fühlbare Einzigartigkeit in der Individualität. Dieses tiefe Motiv ist einer jeden Seele eigen. (1)

Die Systeme des Yoga, wie sie beispielsweise im klassischen Pfad des *rāja-yoga*, des sogenannten königlichen Meditationspfades, gegeben werden, bestehen aus verschiedenen Übungen, die sowohl den Körper, die Atmung, die Lebenshaltung und eine entsprechende Konzentrations- und Meditationsentwicklung einschließen. Der Pfad mit Körperübungen wird im Allgemeinen mit *haṭha-yoga* oder manchmal auch mit entsprechend speziellen Übungen als *kuṇḍalinī-yoga* benannt. Die Hauptpfade des Yoga sind *bhakti-yoga*, der Weg der verehrenden Hingabe, *jñāna-yoga*, der Weg der weisheitsvollen Erkenntnisbildung und *karma-yoga*, der Weg des uneigennützigen, auf ein größeres Ganzes ausgerichtetes Dienen. In den folgenden Beschreibungen über die Seelendimension des Yoga sind diese Hauptpfade zu einer praktischen Synthese integriert, denn die Seele sucht von innen durch ihre Natur die Reinheit der Hingabe, die Weisheit der Erkenntnis und die verhaftungslose Tat des Dienens. (2)

Die Wege, in die der Körper einbezogen wird, fanden bei uns im Abendland eine weite Verbreitung. Fast mehr infolge ihres gesundheitlichen Wertes als wegen ihrer spirituellen Bedeutung lernten die Menschen im Westen die Körperübungen schätzen. Der Begriff »Yoga« umschließt jedoch weitaus mehr als die methodische Praxis von Körperübungen, um ein bestimmtes äußeres Ziel im Leben zu erreichen, der Yoga selbst ist viel mehr eine innere, wachsende Bewusstseinshaltung der Seele, er ist im genauen Sinne sogar mehr der nach langer Erfahrung entwickelte Reifeschritt des Bewusstseins zur progressiven, spirituellen und universalen Entwicklung einer Weisheit und Liebe, die den höheren Welten entspricht. Über einen längeren Erfahrungsweg mit vielseitigen Schritten der Auseinandersetzung, verbunden mit einer rechten Konzentrations- und Bewusstseinsarbeit, mit der Bemühung um ein reines Denken, geläutertes Fühlen und zielstrebiges Handeln, gewinnt der Einzelne die Führungskraft über das Leben, die im Allgemeinen mit »Yoga« benannt ist. Yoga ist deshalb nicht auf einige Körperübungen begrenzt, er ist auch keine isoliert vom Leben zu praktizierende Methode, er ist die zielorientierte Bewusstseinshaltung in geistiger Individuation, die es um des wahren menschlichen Ehrgefühls und Strebens erst zu erlernen gilt. (3)

Tadā yogam avāpsyasi[1], die Bewusstseinshaltung der Führung und Meisterschaft, wird nach langer Übung, Ausdauer und Erfahrung erst erreicht. Im wahren Sinn ist Yoga eine Seltenheit. Im erweiterten Sinne darf aber die Begrifflichkeit des Yoga für alle bemühten östlichen wie auch westlichen Pfade der spirituellen Entwicklung dienen. (4)

Für die religiösen Bemühungen, die zur moralischen Läuterung, zur Freiheit von Bindung, zur Entwicklung einer umfassenden Nächstenliebe und zu einem tiefen Wahrheitsbewusstsein mit Wahrheitserkenntnissen führen, ist die Entwicklung einer Bewusstseinshaltung der Aktivität nötig, die es nicht mit äußeren Zwängen, auferlegten Regeln und Glaubensbekenntnissen zu erreichen gilt, sondern mit innerem Wollen nach jenen Gefühlen und Stimmungen des Lebens, die einen Ethos der Reinheit und des geistigen Wertes tragen. Yoga lebt in dürftigen Ansätzen im Osten wie im Westen, in christlichen wie in anderen Außenseiterkreisen, er lebt aber nur in recht unwissenden Ansätzen, nicht in genügender Ausprägung. Das Wissen um die geistigen Welten wurde verloren. (5)

Die methodische Übungsweise, die vor allem im Osten ihren Ursprung besitzt, darf jedoch nicht kompromisslos bei uns im Abendland übernom-

---

1 Bhagavad Gītā, II/53 »Dann erreichst du Yoga«

men werden, denn es bestehen im Inneren der Mentalität Unterschiede, die beim Übernehmen eines Pfades zu Irrtümern beitragen können. Mit der Praxis der Körperübungen des *haṭha-yoga* und der verschiedenen Konzentrations- und Meditationsübungen des *rāja-yoga* müssen für die westliche Welt neue Interpretationen erfolgen. Die Interpretationen müssen auf die Seele und auf die Seelenentwicklung des okzidentalen Bewusstseins eingestimmt und erfahrbar gemacht werden. Die Irrtümer wären tatsächlich groß, wenn ohne sorgfältige Neueinstimmungen und Neuformulierungen die Bewusstseinsstimmungen des Morgenlandes in die des mehr von einer Individuation geprägten Abendlandes fänden. Auf diese exakten Formulierungen und im Gegensatz zum klassischen Yoga stehenden neuen Stimmungen lege ich bei meinen Ausführungen über die Seelendimension des Yoga einen besonderen Wert. (6)

Nicht zur besonderen mystischen Erfahrung oder zu einer exklusiven, schnellen Erleuchtung soll die Praxis mit Yogaübungen vorrangig führen, sondern zur Entwicklung und Förderung des Seelenlebens und zur Überwindung von egoistischen, gebundenen Verhaltensmustern trägt die Übungsweise bei und leitet das Leben zu einer altruistischen und freieren Perspektive. Die Seele sucht ihr Zentrum und ihre Erfüllung in den Welten des seelischen, höheren Seins und in einer erfüllenden Liebe einer transzendenten Wirklichkeit. Sie sollte diese höheren Welten gemäß den Gesetzen der höheren Welten sehen und ihr egoistisches Verlangen als unbrauchbar erkennen. (7)

Welche Dimension umschließt die Seele? Was ist die Seele? Wo lebt sie, wie lebt sie und welche Kraft ist ihr eigen? Die Seele ist, wie der Artikel es ausdrückt, von weiblicher Art, während der Geist als Maskulinum gilt. In der elementaren Dreigliederung von Körper, Seele und Geist nimmt die Seele die verbindende Mittelstellung zwischen oben und unten ein. Der Körper zählt zu der irdischen Welt, zu der sogenannten Sinnessphäre oder Erscheinungswelt der Materie. Der Geist aber ist nicht der Intellekt, der Geist ist viel mehr die Dimension des Selbstbewusstseins, die repräsentiert wird durch die Existenz des Gedankens. Indem es eine Gedankensphäre gibt und indem sich die menschliche Individualität durch ein eigenes, überschauendes, denkendes und erfahrendes Bewusstsein dieser Gedanken gewahr werden kann, kann der Geist unmittelbar als Existenzsein erkannt werden. Den Geist zu erfahren ist aber ein tiefer Prozess des

Gewahrwerdens, der nicht mit intellektuellen oder emotionalen Wesenszügen verwechselt werden darf. Die Intellektualität und auch die emotionalen Gefühle sind nur ein äußerster Abdruck eines viel tieferen geistigen Prozesses im Menschsein. (8)

In früheren Kulturen wäre der Yoga mit seinen verschiedenen kontemplativen Übungen nicht ohne eine sorgfältige Askese und einen gewissen Lebensrückzug möglich gewesen. Auch im Westen war eine Realisierung von tiefen mystischen, christlichen Erfahrungen ohne Entsagung von der Welt nicht denkbar. Das Bewusstsein wandelte sich jedoch über die Jahrhunderte hinweg, und wenn sich nun heute jemand in ein Kloster, in einen Ashram oder in die Einsamkeit zurückziehen würde, so könnte er nicht zu den zufriedenen Gefühlen einer seelischen Einheit und vor allem nicht zu einer Synthese von Geist und Welt finden. Er würde mehr den Gefühlen von Schmerz, Verlassenheit und Einsamkeit ausgesetzt sein und könnte den so wertvollen Anschluss an ein harmonisches Miteinander mit der Gesellschaft nicht erleben. Ein Yoga, wie er sich im Abendland sinnvoll entwickelt, soll nicht mit sehr großen äußeren Veränderungen, mit einem Lebensrückzug und harten, asketischen Übungen einhergehen. Das Leben soll in der gleichen Stellung bleiben wie bisher, und wer in einer Familie lebt, verheiratet ist, der sollte weiterhin in seiner Gemeinschaft bleiben. Nicht von außen nach innen gewinnt das Leben seine verwandelnde Bereicherung, sondern von innen, von einer tieferen seelischen Erfahrung, die sich in das Äußere des Lebens mit geeigneten Formen hineinbegibt, ändert sich schließlich die gesamte Stellung im gesellschaftlichen, sozialen und äußeren Dasein. Der Weg ist eine progressive Selbstentfaltung, die mit realen, authentischen Erfahrungen einhergeht und das Leben in einem sinnvollen, vernünftigen Maße durchdringt. (9)

Die Seele ist das mittlere Glied in unserem menschlichen Dasein. Sie ist gewissermaßen das Bindeglied zwischen dem manifestierten Körper und dem unmanifestierten Geiste. Die Seele umschließt das Bewusstsein wie auch das Unterbewusstsein. Nicht aber darf die Seele als ein Gefühl, Gefühlsapparat oder ein untergründiges Wollen benannt werden. Die Seele selbst ist vielmehr der lichte Teil im Inneren, der eine genau bemessene Übereinstimmung mit dem Kosmos besitzt. Es ist ein Teil des Kosmos als Seele im Menschsein. (10)

Die Seele erhält die Impulse aus dem körperlichen Dasein und sie erhält ebenfalls Einflüsse, Anregungen aus dem Gedankenleben und somit aus dem Geiste. Bei allen Übungen, insbesondere bei den Körperübungen, aber auch bei allen Konzentrations- und Meditationsübungen sollte die Seele ihre Einstimmung aus einem übergeordneten Geiste erhalten. Nicht das sinnesverhaftete oder involvierte Körperbewusstsein darf die Yogaübung motivieren. Es müssen sehr konkrete Gedanken, die aus einem geistigen Wahrheitsbewusstsein geformt sind, die Yogaübung begleiten. In der einfachen Terminologie sprechen wir von einem Einfluss, der von oben nach unten in die Seele strömt, der vom Geiste oder einer transzendenten Wirklichkeit das seelische Gefüge im Inneren bereichert. Der Weg von oben nach unten oder vom Feineren zum Gröberen, vom Nichtmanifestierten zum Erfahrbaren und schließlich zum Manifestierten, ist für die Übungsweise in der gegebenen Zeit außerordentlich notwendig. Wie die Sonne zur Erde leuchtet, so sollte der innere Geist des Menschen zur Materie leuchten; dies sollte bewusst werden. (11)

Allgemein sind die Zeitbedingungen heute durch das Prinzip des Nützens, Benützens, Konsumierens und Vorteilsuchens geprägt. Diese Prinzipien des Nehmens und Verbrauchens benennen wir lapidar mit »materialistisch«. Sie gehen von einem illusionären Bewusstsein aus, das soviel besagt wie: Wenn man viel gewinnen kann, so sei man reicher. Obwohl dieses Prinzip für die körperlichen Umstände des Lebens eine gewisse Gültigkeit hat, so dürfen diese Gedanken und Grundsätze nicht auf die innere seelische Welt eine Anwendung finden. In der seelischen Welt gilt viel mehr ein umgekehrtes Prinzip zum Materialismus. Es gilt etwa der Grundsatz: »Das, was man dem anderen tut, das, was jemand für ein Gesamtes gibt oder hergibt, das ist er selbst.« Die älteren Seher und Weisen bezeichneten diesen Grundsatz mit *tat tvam asi*, mit dem Satz »Das bist Du«. Mit diesem Grundsatz der seelischen Welt ist nicht nur eine moralische Regel aufgezeigt, viel mehr ist ein Gesetz angedeutet, das im Inneren des Lebens besteht und das wahre seelische Sein eines Menschen umschließt. Der Mensch ist in der Seele keineswegs das, was er für sich im irdischen Dasein gewinnen kann, er ist viel mehr dasjenige, was er für das Leben aufbereitet, für das soziale Dasein tut und in Wahrheit für den anderen gibt. Die Seele lebt in der Empfängniskraft des Gebens und nicht in der Empfängniskraft des irdischen Nehmens. (12)

Ein Weg, der von unten nach oben, das heißt, von den Körperwelten und auch den Grundsätzen der irdischen Welt, von dem Denken des materialistischen Konsums oder von den Emotionen des Leibes ausgeht, kann nicht wirklich zu dem inneren, wahren, seelischen Seinsgrund führen. In dem Yoga, wie er hier beschrieben ist, wird auf diese Unterscheidung ein sehr großer Wert gelegt, damit der Yoga nicht in ein vermeintliches Bewusstsein verfällt und den Grundsätzen der materiellen Welt folgt. Indem heute die meisten westlichen Schulen des Yoga die ehemalige Askese und Strenge des Yoga ausgeschlossen haben und theoretische, unverstandene Formen der Yogaphilosophie auf die Übungsweise anwenden, entledigen sie die Übungsweise aller Spiritualität. Einseitige, unzufriedenstellende, mystische Erfahrungen ohne Zusammenhang zum gesamten Leben resultierten aus den jüngeren Übungsansätzen des Yoga im Westen. Eine Durchformung der verschiedenen Körperübungen, der Konzentrations- und Meditationsübungen von oben nach unten mit geistigen Elementen wird hier, erstmals im Westen praktiziert, geschaffen. Diese Durchformung der Übungen aus einer Wesensschau des Geistes, aus einer real getätigten Erfahrung und aus übereinstimmenden Bewusstseinsformen zur Identität des seelischen Daseins beschreibt die Seelendimension des Yoga. (13)

Diese Seelendimension des Yoga ist für die bisherige Philosophie und Erfahrung der Kultur und der Zeit neu. Die Übungsweise, die Methodik und die Interpretation sind nicht von bisher bekannten Wegen abgeleitet, und dennoch führen sie unmittelbar in das sensible, sakrale Reich des *bhakti-*, *jñāna-* und *karma-yoga* hinein. Die Inhalte des seelisch verlebendigten Yoga sind durch eine vielseitige geistige Forschungsarbeit und geisteswissenschaftliche Genauigkeit erprobt. Die Disziplin einer seelischen Durchformung des Yoga schenkt für das ganze Leben moralische Verbesserungen, Einsichten in die Zusammenhänge, eine stabilere Spannkraft in Gesundheit und psychischem Wohlbefinden und eröffnet dem einzelnen Praktizierenden einen Weg zur Meisterschaft und Führung seines Lebens. Ein hohes inneres Ehrgefühl drückt sich in diesem Yoga aus. Die geistigen Welten kann der Einzelne entdecken, und seine Seele im Angesicht der hohen Wahrheiten erhebt das innere Selbstbewusstsein und Ehrgefühl. Aber noch einmal soll betont werden, dass der Yoga nicht eine Angelegenheit ist, die gemacht werden könnte, eine Sache, die man wie eine andere Arbeit tut. Es ist diese Tätigkeit viel mehr eine Disziplin des Bewusstseins, das sich aus dem Geiste heraus, aus edlen Wahrheitsgedanken und Wahrheitsstimmungen formt und eine zielsichere, kontinuierliche und stabilisierende Führung in das Leben hineinlegt. *Tadā yogam avāpsyasi*, der Yoga will erst erreicht werden. Die Form der Bewusstseinsmeisterschaft stellt eine Schule für das Leben dar und sie beginnt mit dem Studium von Gedanken und Empfindungen, die sich schließlich von oben nach unten, von dem geistigen Daseinsgrund über die Seele in das irdische Leben ausdrücken. Die Seele erlebt sich im Bewusstsein, indem sie selbst die Gedanken, die Empfindungen und die Handlungen im Lichte eines geistigen Wahrheitsbewusstseins erkennt. (14)

Die verschiedenen Regionen des Seelenlebens

Die menschliche Seele ist nicht auf einzelne Gefühlsstimmungen oder enge Wahrnehmungen begrenzt. Sie ist in ihrer Lichtes- und Seinsexistenz unendlich vielschichtig und gebündelt, ausstrahlend in genau bemessener Weise durch die Tätigkeiten des Denkens, Fühlens und Willens, und sie ist schließlich unendlich aktiv begehrend in ihrer Sehnsucht nach Ausdehnung, Weite, Teilnahme und mitfühlender Berührung an den Erscheinungen der Welten. So, wie das Licht nach sensibler Berührung mit der Außenwelt trachtet, so strebt die inliegende Seele nach feinsten, empfindsamen Identitätsgefühlen in der Teilhabe an der inneren wie auch äußeren Wirklichkeit. Die Seele sucht in ihrer mysteriösen, inneren Bewegung die Tiefe der Erscheinungen, die profunde Wesensart des Lebens, sie sucht die wahre Identität eines Gefühls, eines Eindruckes oder einer Sache. Mit dieser Ausdehnung nach einer lichtvollen Berührung mit den Erscheinungen der Welten dehnt sich gleichsam das Bewusstsein aus, und das menschliche Leben wird reichhaltiger, erfüllter und schließlich weiser. Je mehr sich die Menschen den innenliegenden Bedürfnissen und verborgenen Antrieben der Seele bewusst werden, um so mehr meiden sie die oberflächlichen und einseitigen Emotionen des Daseins und geben sich in ihrem Selbstsein nicht mehr so leicht auf. Ein Zugang zum Seelenleben macht die Gemüter stabiler und gibt weniger Angriffsfläche zu Manipulationen von Seiten der weltlichen Propaganda. Das Seelenleben schenkt ein Gefühl der inneren Zufriedenheit und Erfüllung und bewirkt eine Verbindung mit den Mitmenschen auf einer tieferen Ebene, so dass wahrere Gefühle des Zusammengehörigseins, der Einheit und des Friedens entstehen können. (15)

Allgemein sind die Bewegungen des Seelenlebens nach außen durch Sympathie und Antipathie gekennzeichnet. Sympathie und Antipathie beschreiben die großen Pole des gefühlshaften Lebens oder auch, wenn wir es mit einem esoterischen Begriff ausdrücken, die Pole des Astralleibes. Der Astralleib, der im Makrokosmos durch die Gestirne repräsentiert ist und im Menschen durch die Anlage des Nervensystems als Mikrokosmos existiert, bewirkt die unendliche Vielzahl von Gefühlen, Wahrnehmungen, Eindrücken, Erfahrungen, Bedürfnissen, Bedrängnissen, Schmerzen, Leiden, Sehnsüchten, Freuden, Lebensempfindungen. (16)

Hinter all jenen Gefühlen des Lebens, hinter den Freuden und Leiden, hinter den Gefühlen von Erfolg und Misserfolg, hinter Ängsten und Hoffnungen, die sich durch den Körper und das körperliche Existenzsein bekunden, ruhen tiefere Wahrheitsempfindungen, die jenseits der polaren Gegensätze von angenehm und unangenehm sind. Diese tieferen Empfindungen und wahren Identitätserlebnisse sollen in diesem neuen Yoga entwickelt werden, denn die Seele besitzt durch ihre eigene begehrende Sehnsucht nach Wahrheit den Drang nach der Naturerkenntnis des Inneren. (17)

Würden, wie das heute oft im Yoga und in Meditationsstätten erstrebt wird, die Schüler sich ohne die Entwicklung dieser tieferen Empfindungen in der Seele unmittelbar zum Geiste emporarbeiten und ganz nach ewigen Wesensteilen des Menschseins suchen, so könnten sie noch keine profunde Synthese zwischen Geist und Welt herstellen. Das entwickelte Seelenleben mit seinen feinfühligen Wahrheitseindrücken und Mitgefühlen schenkt das irdische Zuhause und öffnet das Bewusstsein für die höchsten, ewigen Sphären des Menschseins. In der Fachsprache der Mysterienschule sprechen wir von einer Ordnung, Einstimmung und Ausdehnung des Astralleibes, damit die Seelenkräfte des Denkens, Fühlens und Willens stark genug werden und die schöpferische, einzigartige und höchste Wirklichkeit des ewigen Daseins aufnehmen können. Die bewusste Entwicklung eines Seelenlebens bereitet den Menschen auf sein wahres Menschsein und auf die Wahrheiten der höchsten Welten vor. Ohne die Entwicklung eines Seelenlebens und eines ausdehnenden Bewusstseins können keine wirklichen frommen, religiösen und weisheitsvollen Empfindungen dauerhaft erwachen. (18)

Unendlich vielseitig sind die Gefühle des Astralleibes. Von diesen vielverzweigten Sympathie- und Antipathiegefühlen gibt es jedoch einige wesentliche Grundempfindungen, die jenseits der Gegensätze ruhen und auf wichtige Weise das Leben stabilisieren und lenken. Diese Grundempfindungen ruhen ganz tief in jeder einzelnen Seele und bilden die Achse des reifen Menschseins. So, wie das Wasser eines Meeres in der Tiefe ruhig und klar ist und an der Oberfläche bewegt, schäumend und aufbrausend, so ist auch der Astralleib des Menschen an der Oberfläche mehr emotional, begierig und leidenschaftlich, in der Tiefe aber ist er weise, ruhig und das Leben lenkend tätig. Die Oberfläche des Astralleibes ist mehr durch die Körpergefühle und weltlichen Eindrücke des Lebens gekennzeichnet, während die tieferen Empfindungen wie latent und unbewusst hinter allen Bewegungen auf ihre Entdeckung warten. In der Seele ist der Mensch deshalb dasjenige, was er tatsächlich in der Tiefe seines Wesens an Erfahrungen und Gefühlen der Weite, Gefühlen der Anerkennung und Verbindung errungen hat, und er ist am wenigsten dasjenige, was ihm an äußeren Erfolgen, Enthusiasmen, vitalen Kräften und Sympathien entgegenkommt. (19)

Erst nach dem Abscheiden des Körpers, dann, wenn der Tod im irdischen Leben eingetreten ist, betritt nach einiger Zeit die Seele diese inneren Welten, in denen sie ihre wahren Identitätsgefühle und erarbeiteten Verbindungen entdeckt. Sie tritt dann in die tiefe Region ihres eigenen Seins ein. In der Mysteriensprache sprechen wir davon, dass die Seele in den Himmel oder in den Kosmos übergeht und mit den Lichtsphären, die lebendig, empfindsam und heilvoll sind, ihr Zuhause einnimmt. Die Seele selbst lebt nach dem Tode weiter. Sie kann, so wie ein Körper in der irdischen Welt, nicht sterben. Und mit dem Tod des Körpers, mit dem Verlassen der irdischen Sphäre beginnt das unausweichliche seelische Dasein eines jeden Menschen. Die Seele selbst gehört zu der astralen Wirklichkeit der Weltenschöpfung. Sie erlebt sich dort in den Lichtsphären des Kosmos und erlebt sich rückwirkend zum irdischen Dasein auf viel authentischere und empfindsamere Weise. (20)

Indem wir die verschiedenen Körperübungen und Seelenübungen praktizieren, studieren wir die verschiedensten Empfindungseindrücke und tasten uns in eine profunde Tiefe des seelischen Lebens vor. Nicht äußere Sympathien und äußere Gefühle sollen der Maßstab des Praktizierens sein, sondern ein tiefes Suchen nach den Wahrheiten und inneren Impressionen der Wirklichkeit. Die Übungen dienen zur Unterscheidungsbildung der verschiedenen Ebenen, in denen sich das Leben ereignet und gleichzeitig sollen sie die Entwicklung in jene Richtung fördern, um die tatsächlichen inneren Empfindungen kennen zu lernen, die im tiefen Urgrund des Seins ruhen und das Leben im Stillen begleiten. Die Yogaübungsweise ist ein Schulungsweg, der uns den seelischen und geistigen Welten näher bringt und die gewonnenen Erfahrungen auf tiefere Weise im Leben heranbildet, sie greifbar macht und für das Leben ein lichteres Empfinden schenkt. Indem die Praktizierenden dieses Yoga das Seelenleben tiefgründiger kennen lernen, ausgestalten und gleichzeitig klare Kräfte des Denkens, des Fühlens und der Handlungszielstrebigkeit entwickeln, können sie sich leichter von äußeren Zwängen befreien, sie können überkommende, von außen auferlegte Moralvorstellungen in ihrem wahren Sinn deuten und schließlich in ihrem Leben aus eigener Erfahrung eine Orientierung zum Geiste mit größerer Verantwortung beginnen. Das entwickelte Seelenleben aus profunden Tiefen macht den Menschen selbständiger, unbeeinflussbarer von außen und kreativer für die Beziehungsaufnahme zu den verschiedenen Verhältnissen des Daseins. (21)

Die tiefe Seelenregion können wir in sieben Hauptabteilungen oder Bezirke einteilen. Die Begriffe wie »Bezirk« oder »Abteilung« dürfen wir nicht zu sehr vom weltlichen Verständnis als nur örtliche Regionen sehen, denn es handelt sich viel mehr um tiefe Lichtes-Seelen-Regionen, die wie Qualitäten in sich selbst sind und aus diesen Qualitäten heraus ihre besondere Ausdrucksweise und Sehnsucht nach Steigerung, nach Vervollkommnung besitzen. Die Seelenbezirke als Qualitäten des inneren Daseins ruhen ganz in der Tiefe eines jeden Menschen. Sie warten auf ihre Entdeckung und ihre bewusste Entwicklung der Ausdehnung und Vervollkommnung. (22)

In einer vereinfachten, annähernd zutreffenden Analogiedarstellung können diese verschiedenen Seelenbezirke den sogenannten sieben Energiezentren, den *cakraḥ*, den feinstofflichen Sammelstellen für Energie, zugeordnet werden. Diese sieben Zentren sind von unten nach oben, vom Steißbein entlang der Wirbelsäule bis zum Haupte und Scheitel lokalisiert. Die einzelnen Übungen des Yoga sollen die *cakraḥ* auf bewusste Weise entwickeln und eine Steigerung der Energiequalität beziehungsweise der seelischen Substanz bewirken. Der Weg hierfür geht jedoch nicht auf passive Weise, sondern durch sehr intensive Auseinandersetzung, bei dem der Praktizierende lernt, sein Bewusstsein in allen Phasen zu beteiligen. Nicht aus dem Unbewussten oder aus passiver Anteilnahme an den Übungen gewinnt der Praktizierende den Zugang zu den inneren Seelenwelten, sondern nur durch eine gezielte, aktive Formung des Denkens und Empfindens lernt er jene Regionen kennen, die sich hinter den äußeren Sympathie- und Antipathiegefühlen des Daseins verbergen. (23)

Die erste Region dieses Seelenlebens kann mit der Urbildekraft oder unmittelbaren Kraft des Nervensystems in Verbindung gebracht werden. Das *cakra*, das diese Kräfte umschließt, heißt *mūlādhāra-cakra* und kann übersetzt werden mit »Wurzelzentrum«. Jene Menschen, die dieses Zentrum gut entwickelt haben, besitzen in der Regel eine gute gedankliche und willentliche Fähigkeit zur Entschlusskraft. Sie können Entscheidungen treffen, unabhängig von den Gefühlen der Verzagtheit und auch der vorübergehenden Launen, sie können sich leichter über kleinliche Ängste durch eine klare Entscheidung hinwegsetzen und besitzen daher sehr viel Kraft, den Körper zu transzendieren. Jene Menschen sind daher stark in ihrer Persönlichkeit, sie machen sich nicht von Begehrenstrieben, Neigungen des Körpers, Äußerlichkeiten und Verzagtheiten abhängig. Es ist diese Region des Seelenlebens auch mit der Kraft zur Aufrichtigkeit, zur Unmittelbarkeit und somit zur innersten menschlichen Würde gegeben. Die Aufrichtigkeit im Menschsein ist die urbildliche Persönlichkeitssubstanz. Ist sie angelegt, so besitzt der Einzelne mehr Fähigkeit zur Konfrontation, zur Wahrheit, zum Gegenüber und kann aufgrund seiner errungenen Sichtweise Entscheidungen treffen und sich zu seinen Entscheidungen bekennen. (24)

Bei den Übungen, die diese Region betreffen, sollte die persönliche Entschlossenheit in den Vordergrund rücken, und der Übende sollte sich nicht von den Launen des Körpers abhängig machen. Die Kraft zur Entscheidung ist eine große Dimension, die aus dem Gedanken geboren wird und durch den Willen ihre Realisierung findet. Wenn sie der Übende auf vernünftige, nicht übertriebene, sondern gezielte Weise entwickelt, so können Würde und Edelmut entstehen. Durch die Aufrichtekraft innerhalb der urbildlichen Persönlichkeitssubstanz lassen sich die kleinlichen Ängste und niedrigen Begehrenswünsche, die das Leben peinigen, überwinden. Die Überwindung von unangebrachten, egoverhafteten Begehrensmustern durch Entschlossenheit ist der Sinn dieser Seelenregion. (25)[1]

Die zweite Region des Seelenlebens ist durch das *svādhiṣṭhāna-cakra*, durch das Energiezentrum, das unterhalb des Nabels, etwa auf der Höhe des Dünndarms hinten an der Wirbelsäule lokalisiert ist, umschlossen. Es ist dies die Region von all jenen Kräften, die die Fähigkeit beschreiben, eine

---

[1] Svami Śivananda hatte in seinem Leben diese Urbildekraft außergewöhnlich stark entwickelt, sie ist deshalb in seinen Schriften wahrnehmbar.

moralisch gute Handlung auszuführen. Je stärker diese Region angelegt ist und je mehr der Einzelne Zugang in dieses Reich seines Inneren entwickelt, um so mehr kann er lebendige Empfindungen zu Handlungen tätigen, die von ihm selbst hinwegführen und die zum moralisch gesitteten Guten in der Welt beitragen. Es ist auch die Region des Empfindungsvermögens zur Handlung. Jeder Mensch braucht eine Kraft, um von sich selbst Abstand zu nehmen und zu einem höheren Gefühl oder wichtigeren Gesetz seine Zustimmung zu geben. Ob nun der Praktizierende sogleich versteht, was eine gute Handlung ist, ist hier in dieser Region noch gar nicht von entscheidenster Bedeutung, viel mehr ist es wichtig, dass die Empfindungskraft geboren wird, um von seinen Leidenschaften und egoistischen Neigungen Abstand zu nehmen und eine moralisch bessere Handlung in die Wege zu leiten. Ist diese Region entwickelt, kann sich ein Mensch auf Werte besinnen und seinen Glauben im Sinne von Vertrauen festigen. Es ist das *cakra* des Vertrauens auf moralische Wertvorstellungen. Nicht das Vertrauen auf ein egoistisches Handeln und auf ein bloßes Körpergefühl sei hier gemeint, sondern das Vertrauen im Glauben an die bewährten Wertbegriffe eines moralisch edlen Lebens. (26)

Innerhalb der Übungen bestehen die Lernschritte in der Entwicklung einer fließenden und geschlossenen Bewegungsdynamik. Die Dynamik der Bewegung ist eine Kraft, auf rechte Weise loslassen zu können und sich gezielt in eine koordinierte Spannungsverteilung zu begeben. Die Region, die durch die Körperübungen entwickelt werden kann, ist eine dynamische Bildekraft oder ein Bilde- und Koordinationsvermögen der vitalen Energien. Der Übende achtet auf die richtige Spannungsverteilung, und er lernt die verschiedenen Gliedmaßen mit Rumpf, Rücken und Schultern zusammenzubringen, damit eine harmonische wie auch dynamische Einheit entsteht. Geschlossenheit, Harmonie, Kraft, Dynamik und Koordination sollen sich in der Bewegung ausdrücken. Der Übende lernt, sich selbst mit Empfindung auf den Körper, auf die Bewegung und auf die Übung einzulassen und sich selbst mit Bewusstsein hinzugeben. (27)[2]

Die dritte Region ist die Region der Zielstrebigkeit, der Fähigkeit, Ziele zu wünschen, Ziele zu denken, Ziele für das Leben aufzubauen und im Leben

---

[2] Sathya Sai Baba drückt im Vordergrund seines umfassenden Werkes und Wirkens die Kraft des Vertrauens auf Gott aus. Das Lesen dieses Werkes führt zur moralischen Sammlung im Inneren.

eine wachsende Weite zu kreieren. Diese Region ist gewissermaßen das Zentrum des vitalen Astralleibes. Es bildet die Kraft des Astralleibes. In der Ausdehnung der Gedanken, Empfindungen und Wünsche auf die Mitmenschen entstehen pietätvolle Gefühle und freiheitliche Stimmungen. Nicht vereinnahmend, triebhaft, bedrängend oder fordernd sollen diese Gefühle in die Weite streben, sondern achtsam, beobachtend, den anderen respektierend, die Ordnung wahrend und den gemeinsamen Wunsch in den Gefühlen fördernd. Jene Menschen, die diese Region entwickelt haben, nehmen andere an und bringen sich mit einer natürlichen, erbauenden Freude und Sympathie in das Beziehungsfeld zu den anderen. Sie nehmen andere an, respektieren die Freiheit der anderen und werden somit in der Tiefe ihrer Seele ein Gefühl des Angenommenseins erfahren. Durch die richtige Ausdehnung des Bewusstseins auf die Mitmenschen unter Wahrung der Freiheit des anderen und unter bewusster Förderung der Einzigartigkeit der Individualität, der Vielseitigkeit des Lebens, entstehen wahre Gefühle der Weite und gleichzeitigen Verbundenheit. Die rechte Extension der Seelenneigungen führt ebenfalls zu einer angenehmen Atmosphäre im Miteinander. (28)

Auf die Übung bezogen soll das sogenannte *maṇipūra-cakra*, das feinstoffliche Zentrum, das etwa auf der Höhe des Magens an der Wirbelsäule lokalisiert ist, gefördert werden. Es ist dies das Zentrum der Spannkraft, des sprießenden Aktivseins, das Zentrum der freudigen Weite und Freiheit. Der Übende beschäftigt sich mit Zielen und Zielvorstellungen und entwickelt einen ästhetischen Sinn für die einzelnen Körperhaltungen oder für eine erstrebenswerte, schöne Haltung im Leben. Er achtet auf die geordnete Gedanken-, Empfindungs- und Willenskraft seiner selbst und beginnt, sein Leben nach wahren, pietätvollen Zügen zu organisieren. In der Übung drückt sich die Weite als Schönheit und lichte Offenheit aus. (29)[3]

Die nächstfolgende Region, die der Aufmerksamkeit bedarf, ist die sogenannte Sonnenregion der Seele. Sie ist im Astralleib durch das *anāhata-cakra*, durch das Zentrum auf der Höhe des Herzens lokalisiert. Das Herz wird allgemein mit Herzlichkeit und Gefühlen in Verbindung gebracht. In der Seelenregion umschließt es jedoch weit mehr als die Gefühle der

---

[3] Der Yoga aus der Reinheit der Seele drückt in seiner Gesamtheit vorwiegend das entwickelte dritte Zentrum aus.

Herzensstimmungen und einer gefühlvollen Vitalität. Es ist dies das Zentrum der Ruhe, der Innerlichkeit und der ordnenden Kraft, die in jedem Menschen ruht, durch jene Fähigkeit, dem Leben selbst einen Inhalt zu geben. Nicht die äußere Welt, die Mitmenschen, die verschiedenen Systeme des Staates oder gar die Angebote des Entertainments sollen dem Menschen Inhalte geben, er soll vielmehr lernen, dem Leben produktiv zu begegnen und immer weiter Inhalte aus dem Bewusstseinsaktivsein aufzunehmen und dem Leben mit Wärme und Kraft diese Inhalte einzugliedern. Das Herzzentrum ist auch der Ort der inhaltlichen Gestaltbildung, der Fähigkeit, dem Leben einerseits mit Ruhe, aber andererseits mit hoher Aktivität entgegenzugehen. Es ist das Herzzentrum das Feuer- und Sonnenzentrum, das die nötige Wärme für das Dasein spendet. Dem Leben Inhalte zu geben und freier und geordneter in allen Beziehungen leben zu können, um Harmonie und Gleichgewicht im Inneren und Äußeren zu finden und um das Leben sowohl im Geistsein als auch im irdischen, materiellen Dasein anzunehmen, ist eine Aufgabe, die in dieser Region des Seelenerlebens unbedingt erforderlich ist. (30)

Auf die Übungen bezogen bestehen die Lernschritte in der Entwicklung einer inhaltlichen Gestaltung, einer bewussten Gedankenkraft und bewussten Sichtweise zu den Übungen. Nicht der Körper sollte dominieren, nicht die Energie des Körpers soll den Erfolgsmaßstab bestimmen, sondern der Einzelne sollte durch seine regsame Gedanken-, Empfindungs- und Bewusstseinsaktivität der Übung einen Sinn beilegen. Die bewusste Sinngebung und Sinngestaltung auf dem Übungsweg ist hier jener Lernschritt, der absolviert werden kann. (31)[4]

Die nun folgende fünfte Region ist jene des klaren Bewusstseins selbst, es ist die Region des klaren Seelenlichtes, *jyotiloka*. Bis zum heutigen Tag existieren über die neurotransorischen Vorgänge, die über das periphere und zentrale Nervensystem stattfinden, nur sehr wenige tiefgründige Vorstellungen. Es sind die Reizleitungen und die elektrischen Reizübertragungen bekannt. In der Regel denkt sich die Wissenschaft das Bewusstsein an das Gehirn gebunden und vom Gehirn abhängig. Der Gedanke wäre demnach ein Produkt, eine Äußerung der Gehirntätigkeit. Aber der Gedanke

---

[4] Murdo MacDonald Bayne, in »Göttliche Heilung von Seele und Leib«, drückt vorwiegend die Unmittelbarkeit des Selbst im Herzen aus.

selbst ist ein hohes, schöpferisches Sein, der über das Nervensystem empfangen wird, aber nicht aus dem Nervensystem, wie das den Vorstellungen der Wissenschaft entspricht, produziert wird. Das Denken kann daher frei vom Körper stattfinden, denn es ist eine lichtvolle Tätigkeit selbst. So, wie das Licht auf die Erde scheint, so ist es der Gedanke, der im Raume leuchtet und unabhängig von den menschlichen Organen und der Gehirntätigkeit sein Wesen verströmt. Die Lernschritte in dieser fünften Ebene, der Ebene des Bewusstseinslichtes, sind jene der Unterscheidungsbildung von einem körperabhängigen Bewusstsein zu einem körperfreien Bewusstsein. Nun kann der Schüler auf dem Pfade des Yoga das Gesetz des Bewusstseins verstehen lernen und sich einer größeren Offenheit erfreuen. Die fünfte Ebene ist durch die Charakteristik der Offenheit gekennzeichnet. Wenn sich der Übende einer Sache, einer Angelegenheit oder einer Aufgabe hinwendet, so wird er sich in zunehmendem Maße bewusst, dass alles rechte Wahrnehmen, Erkennen, Erfühlen und Erleben nicht auf einer Wiederholung von alten, wohlbekannten Mustern beruht, sondern auf einer tatsächlichen, offenen, bewussten Empfängnis des gegebenen Gedankens aus dem Hier und Jetzt. Diese Offenheit beschreibt die mutige Haltung des Übenden. Bei allen Gesprächen, Beziehungsformen, bei allen Übungen oder Tätigkeiten löst er sich von den alten, wohlbekannten Formen und wendet sich mit bewussteren, gezielteren Gedanken den Objekten der Außenwelt hin. Eine freie Begegnung und freie Beziehungsaufnahme wird ihm durch die Ablösung von alten Vorstellungsmustern und durch die Entwicklung eines Bewusstseins für das Hier und Jetzt innerhalb getätigter Gedanken und wahrgenommener Inhalte zuteil. Ablösung und Neuorientierung zeigen sich als Fähigkeit zur Offenheit und markieren das Wesen der bewusstseinslichten Beziehungsaufnahme. (32)

Auf die Übungen bezogen besteht der Lernschritt in der Beobachtung und Wahrnehmung der Atemtätigkeit. Der Atem soll freier vom Denken und freier von Gefühlen und Emotionen werden. Diese Entwicklung einer freien Atemtätigkeit ist unmittelbar mit der Offenheit des Bewusstseins in Verbindung. Bei allen Übungen sollte der Einzelne eine Form der Ausführung entwickeln, bei der die Atemtätigkeit frei bleibt und das Denken wie auch das Fühlen nicht an die Energien des Körpers gebunden wird. Bei einigen Übungen ist die freie Atembewegung leichter zu fühlen und deshalb können diese Übungen repräsentativ für das fünfte Energiezentrum oder *viśuddha-cakra* gelten. Sich von alten Vorstellungen ablösen zu können und in Offenheit neuen Gedanken, Eindrücken und Inhalten hinzugeben, ist die Aufgabe, die der Übende in dieser Stufe der Seelenqualitätsentwicklung lernt. (33)[5]

Die sechste Region ist die unmittelbare Feuer- und Kraftregion des Seelenlebens selbst. Diese Region ist im Haupte mit dem sogenannten *ājñā-cakra* lokalisiert. *Ājñā-cakra* heißt so viel wie »die oberste Befehlsstelle« oder »Befehlsgewalt«. Es ist die Region der Konzentrationsbildung und der wahren Ruhe, die Region der unmittelbaren Feuerkraft des Gedankens, der sich selbst aus dem Feuer der Seele plasticiert. Man kann die Region auch als diejenige des freien und schaffenden Gedankens bezeichnen. Der Übende lernt nun, welch großartige Gestaltungskraft im Gedankenleben liegt. Er unterscheidet das Gedankenleben vom bloßen Intellektualismus oder von einem emotional überlagerten Denken. Er lernt weiterhin den Unterschied zwischen projektivem und schaffendem, konzentriertem Denken kennen. Indem er diese Region des Seelenlebens kennen lernt und durch gezielte Konzentrationsfähigkeit entwickelt, kann er die Übung in einer noch größeren Körperfreiheit und plastizierenden Gestaltungskraft mit lenkender Übersicht und wachsamer Intensität praktizieren. Diese plastizierende, frei schaffende, gedanklich konzentrierte Schaffenskraft aus den Gedanken ist die Aufgabe, die der Übende nun in der sechsten Region des Seelenlebens erlernt. (34)

Auf Übungen bezogen lernt der Praktizierende nun, genau vorgenommene Vorstellungen einer Übung auszuführen. Er lernt, die Vorstellung in die Form zu bringen und behält gleichzeitig eine freie und wache Übersicht über seine eigene Tätigkeit. Er entwickelt eine sogenannte Weite im Gedankenleben. Diese Weite ist im Vergleich zu der dritten Region des Seelenlebens unmittelbar aus dem Haupte geboren und lebt aus den Gedanken in einer sensiblen Verfügbarkeit der Konzentration. Während das dritte Reich des Seelenlebens eine zielorientierte, noch mehr vitale Konzentrationsbildung besitzt, trägt diese sechste Region nun eine weitaus zartere und zum Gedanken selbst orientierte Bewusstheit in sich. Wahre Konzentrationsentwicklung, ohne auf die Körperenergien und auf projektive Formen des

---

5   Das orginale Werk von Rudolf Steiner trägt größtenteils die Ausstrahlungen aus dem entwickelten fünften Zentrum.

Denkens zurückzugreifen, ist die Aufgabe, die in der sechsten Seelenregion entfaltet wird. (35)

Die siebte und letzte Region des Seelenlebens ist nun wiederum durch ein neues und anderes Charakteristikum gekennzeichnet. Diese Region des Seelenlebens kann durch den Satz aus dem Sanskrit »*yad bhāvan tat bhāvati*«, was soviel heißt wie: »Das, was der innere Wesenszustand ist, das soll der Mensch werden«, eine Bezeichnung finden. Der Mensch selbst ist aus Gott geboren, er ist aus Ideen geschaffen, er ist aus Geistesstoff gewoben. Dieser geistige Stoff ist in Wirklichkeit nichts anderes als der Gedanke selbst. Alle Erscheinungsformen der Erde wie auch des Menschseins sind Manifestationen aus dem Gedanken, die von einem göttlichen Ursprung oder einer geistigen Schaffenskraft entflammen. Hier, auf dieser Ebene des Seelenlebens sollte erkannt werden, wie es die Gedanken selbst sind, die das Leben und das sichtbare irdische Sein kreieren. Nicht der Körper, nicht eine Form des Grobstofflichen, nicht das angelegte Nervensystem erschafft das Bewusstsein, sondern die geistige Dimension des Gedankens in seiner eigenen, schöpferischen, regsamen Tätigkeit bewirkt das Bewusstseinsleben, und dieses bewirkt wiederum das manifestierte Erdenleben. Von oben ist alles Sein und Menschsein geboren. Das Untere ist nur eine Form des Ausdrucks, es ist aber nicht die Ursache und auch nicht der Ursprung der gegebenen Wirklichkeit. In dieser siebten Ebene des Seelenlebens, das bezogen ist auf das *sahasrāra-cakra* oder auf den tausendblättrigen Lotus am Scheitel, gewinnt der Übende eine Vorstellung über das transzendente Erleben des Gedankens. Der Gedanke selbst wird zu seiner Wirklichkeit, er gewinnt seine genau bemessene Form und äußert sich schließlich einmal in der manifestierten Form. Der Mensch wird das werden, was er im Gedankenleben heranbildet. Der Körper ist ein genau bemessener Abdruck seines Bewusstseins, und dieses ist wieder ein genau bemessener Abdruck des darüber geordneten Gedankenlebens. (36)

Auf die Übungen bezogen, lernt nun der Schüler jene Form im Ausdruck zu kreieren, die der Übung entsprechen sollte. Durch eine regsame Auseinandersetzung mit gedanklicher Aktivität und Empfindungsentwicklung lernt der Praktizierende nun, wie er den gewünschten Ausdruck durch die Konzentrations- und Bewusstseinstätigkeit in die Übung hineinbringt. Er lernt den Bedeutungsinhalt auf die Übung zu übertragen.

Sein Körper, beziehungsweise seine Tätigkeit, soll ein Ausdruck des transzendenten Gedankens sein. Der Gedanke soll durch den Körper leuchten. Der gewünschte Bedeutungsinhalt einer Übung soll sich unmittelbar über die Empfindungen und Radiationen des Körpers ausdrücken. (37)

Diese sieben Regionen des Astralleibes und des darin lebendigen Seelenlebens können durch eine lebendige Erfahrungssuche von dem Einzelnen nachempfunden, nacherlebt und erkannt werden. Der Übende ergründet wichtigste Tiefen seines eigenen Innenlebens und nähert sich den seelischen Welten, wie sie nach ihren kosmischen Gesetzen bestehen, an. Diese Gesetze existieren sowohl im Allerinnersten des menschlichen Daseins als auch nach dem physischen Abscheiden, da die Seele dann den kosmischen Raum ihres eigenen Seins betritt. Auf die Erlebensformen des seelischen Daseins, wie sie nach dem Tode existieren, wird im Rahmen dieses Buches nicht mehr weiter eingegangen. Weitere Gedanken zu diesem Thema über das Befinden der Seele im Nachtodlichen sind in dem Buch »Die Seelsorge für die Verstorbenen«[6] von mir bereits niedergeschrieben. (38)

---

6 Aus der Reihe: Initiatorische Schulung, Edition Sarca, Lammers-Koll-Verlag

Die Entwicklung von Aufmerksamkeit, Konzentration und Beziehungsfähigkeit

Ganz besonders die Körperübungen, von denen es sehr viele mit unterschiedlichsten Schwierigkeiten und Anforderungen gibt, bieten eine günstige ästhetische Gelegenheit, um die verschiedenen Seeleneigenschaften und Seelenqualitäten, die es in vergleichenden Betrachtungen zu entwickeln gilt, zu erkennen. Jede Übung besitzt neben der technischen Vollkommenheit auch eine ihr gemäße, von der Bedeutung und hineingelegten gedanklichen Aktivität getragene Expression. Diese Ausdrucksweise, diese Expression, ist in diesem Yoga ein wichtiger Teil. In den folgenden Praxisschritten wollen wir um der Schulung willen auf besondere Weise die verschiedenen Expressionen, die eine *āsana* bieten kann, lesen lernen. Die Expression steht in Beziehung zum Seelenleben, während die technische Perfektion mehr zum Können des Einzelnen eine Beziehung aufweist. (39)

In den meisten Yogarichtungen wird durch die *āsana*-Übung mehr eine Entspannung, Ruhe und im Allgemeinen mehr ein profanes Einheitserleben von Verstand, Gefühl und Körper entwickelt. Die Übenden suchen meistens die Energie, die durch die eingenommene Stellung freigesetzt wird, und nützen sie für die Steigerung der psychischen Kraft oder die Entwicklung einer intensiveren Konzentrationsfähigkeit. Dieser Weg über den Körper und über die Körperenergien zum Bewusstsein erscheint aber für eine tiefere Betrachtung eher kritisch, denn es werden die Seelenqualitäten und Seelenstimmungen nicht unmittelbar aus der eigenständigen Bewusstseinsaktivität herangebildet, deshalb entstehen feine Abhängigkeiten zum Körper und zur Übung selbst. Der Übende macht sich dann von dem abhängig, was in seinem genetischen Erbe liegt, was an tiefen Energien in seinen Zellen aufgespeichert ist, und er erlebt in der Konzentration und meditativen Stimmung nur eine Widerspiegelung seines inneren bisherigen Seins. Gewissermaßen erlebt er nur eine Wiederholung von Bestehendem, eine passive energetische Wiedergabe von dem, was durch ein früheres Leben in ihm aufgespeichert wurde und was sich in seiner innersten Leiblichkeit an geformten Schätzen der Entwicklung bereits befindet. Der Yoga, wie er hier verstanden wird, soll aber nicht zu einer Reproduktion des bisherigen, im Leibesinneren befindlichen Wissens und Fühlens führen, sondern es soll der Yoga die Seele vom Leibe befreien und einen schöpferischen Neuanfang mit klaren, offenen, weiten Wahrnehmungen aus der unabhängigen Gegenwart der Situation selbst liefern. Diese Forderung kann mit einem neuen Yogawillen seine Bezeichnung finden.[1] Der Übende gewinnt eine unmittelbare Bewusstseinsaktivität und entwickelt eine zunehmende schöpferische Kraft seines Willens, seines Fühlens und seines Denkens. Das Bewusstsein wird aus sich selbst tätig und formt seine Möglichkeiten im Sinne von Aufmerksamkeit, Hinwendung und Beziehungsaufnahme zu den verschiedenen Bereichen des Körpers und zu den Gedanken der *āsana*. Das Bewusstsein selbst wird der Akteur. In den *āsana*-Übungen drückt sich auf eine recht leicht einsehbare Weise das Leib-Seele-Verhältnis aus. Beispielsweise kann nach kurzer Zeit einer Schulung jemand eine mehr körpergebundene *āsana* von einer freier praktizierten *āsana* unterscheiden. Schließlich können die verschiedenen Elemente der *cakraḥ* leichter entdeckt werden, wie beispielsweise die Entschlossenheit aus dem unmittelbaren Willen, wie es der ersten, oder das Fließen der Bewegung in einem harmonischen und geschlossenen Sinn, wie es der zweiten Region des Seelenlebens entspricht. Die Weite kann von einem Eingeschnürtsein oder engeren Ausdruck unterschieden werden. Wie weit der Bedeutungsinhalt verstanden, aufgenommen und erfahren wurde, kann ebenfalls vom Ausdruck abgelesen werden. Bereits nach relativ kurzer Zeit gewinnt der Übende auf diesem Weg einen Sinn für die verschiedenen qualitativen, ästhetischen Formen des Seelenlebens. Je mehr dieser Sinn am Bild der Übung entwickelt wird, um so mehr wird sich der Übende mit Freude den Wertvorstellungen hingeben und die Werte für ein gesamtes Leben weiter fördern. Die Entwicklungsprozesse, die sich bei der Übung einstellen, fließen ganz natürlich in das Leben hinüber. (40)

Wer beispielsweise einen Sinn für die inhaltliche Gestaltungskraft, für die sonnenhafte Kraft des Bewusstseins ausprägt, der wird auf allen Ebenen des Lebens diesen seelischen Sinn fördern und wird bald selbst zum

---

[1] Rudolf Steiner formte diesen Begriff in: Die alte Yogakultur und der neue Yogawillen. Die Michael-Kultur der Zukunft (30.11.1919) aus: Wege der Übung, Verlag Freies Geistesleben.

Zeugnis eines sonnenhaften Seelenlebens werden. In diesem Zusammenhang ist das Leben in einer Einheit gegeben. *Yad bhāvan tat bhāvati* besagt die Weisheit des Yoga: Dasjenige, was in Gedanken und Gefühlen in der Seele lebt, wird zum authentischen Wesenszustand des Daseins. (41)

Die Aufmerksamkeit auf bestimmte Gedanken und Vorgänge ist ein erster Schritt, der bei dieser Übungsweise unabdingbar notwendig ist. Wir dürfen uns nicht nach Gewohnheit, Routine oder nach Belieben einer Übung hingeben, wir müssen uns viel mehr jedesmal auf gezielte Weise mit den rechten Inhalten und Zielen konfrontieren und diese auf die Übung anwenden. Eine Wachheit und hohe Bewusstseinsaktivität sind notwendig, um von alten Mustern des Wissens einen Abstand zu nehmen und von den körperabhängigen Emotionen frei zu werden. Die Hinwendung zu den einzelnen Übungen wie auch die Bildung von Gedanken und Empfindungen sollte deshalb jedes Mal mit neuen Vorsätzen in konzentrierter Achtsamkeit und ruhiger Übersicht geschehen. (42)

Bei der täglichen Praxis müssen wir zunächst ein bewusstes Verhältnis zwischen uns selbst und einem zu beobachtenden Objekt entwickeln. Zunächst erst einmal ist das Erleben in Subjekt und Objekt aufgeteilt, es ist innerhalb einer Dualität geboren. Obwohl es die Dualität zu überwinden gilt, so muss am Anfang der Betrachtungen und der Hinwendungen eine bewusste Situation geschaffen werden, die eine konkrete Ordnung der Beziehung in einen Betrachter und ein zu Betrachtendes ermöglicht. Nicht zu früh sollte der Einzelne mit seinen Objekten der Betrachtung in eine Einheit verschmelzen. Alle zu früh gewonnenen Erfahrungen der Einheit sind fast ausschließlich nur von emotionaler, gebundener Bedeutung und sind der wahren Bewusstseinsarbeit hinderlich. Indem eine sehr klare, geordnete Aufmerksamkeit mit einer konkreten Hinwendung und gedanklich regsamen Aktivität entsteht, ordnen sich die Gefühle dem Objekt unter und es entstehen günstigere Beziehungsverhältnisse für die weitere Entwicklung von seelischen Qualitäten. Das Selbst, der *jīva*, der Betrachter bleibt aufmerksam und sich selbst im Prozess der Übung bewusst. Er erlebt dadurch sein eigenes Denken, sein eigenes Fühlen und Handeln in bewusster und formender Aktivität, und er bemerkt im Außen oder im Gegenüber das Objekt, das seinen Sinnen und seinem Denken gegenübersteht. (43)

Durch diese unvoreingenommene, emotionsfreie Beziehungsaufnahme in konkreter Form durch Aufmerksamkeit und Hinwendung können sich erst die neuen Eindrücke über die Übung und über den Bedeutungssinn entwickeln. Das Lernen wird zum wahren Offensein für das Lernobjekt. Die Gedanken können sich freier über das wache Bewusstsein entwickeln. Auf dieser regsamen Gedankenaktivität entwickelt sich eine weitaus tiefere Empfindungsfreude, die dann nicht mehr so sehr vom Körper und von Emotionen abhängig ist, sondern von den wahreren, authentischen Eindrücken geprägt ist. Das Seelenleben gewinnt seine eigene, lichte Freude und seinen eigenen, klaren Glanz. Die Aura des Übenden kann erste kristallklare Strahlen, die im Vergleich zum verschwommenen, wolkenartigen Umhülltsein stehen, entwickeln. (44)

Der Beginn eines Bewusstseinsweges mit Übungen

Das Wort *āsana*, das die Körperübung des Yoga im Allgemeinen beschreibt, bedeutet übersetzt: sitzen. Das Sitzen selbst ist aber weniger äußerlich und materiell zu verstehen, es ist viel mehr eine speziell gewählte Position, die die Hinwendung zum Kosmos, zu einem großen Ganzen, zu Gott, zu den höheren Welten symbolisiert. In der Sitzhaltung oder gewählten Position begibt sich der Übende in einen empfindsamen, perzeptiven Bewusstseinszustand. Der materielle Aufwand für den Übungsweg ist deshalb denkbar gering. Die Praxis mit Yogaübungen erfordert lediglich eine ruhige Wohnsituation, eine Matte als Unterlage und leichte, bequeme Kleidung. (45)

Das Üben ist wie ein natürliches, empfindungsfreudiges Studium zu betrachten, bei dem Sie sich die entsprechende Literatur über die Seelengrundlagen des Yoga besorgen müssen und sich einige Zeit zum Üben einräumen. Eine theoretische und praktische Auseinandersetzung mit den Übungen, bei der Sie bis in die Tiefe der Gefühle erfüllt sein dürfen, ist wichtig. Räumen Sie sich möglichst eine tägliche Zeit von einer halben bis zu einer Stunde ein, um die Gedanken lebendig in das Gedächtnis einzustudieren und in abwechselndem Maße die Stellungen zu praktizieren, sie zu vervollkommnen und sie nach dem seelischen Gehalt zu untersuchen. (46)

Alle Übungen sollten nicht in Verbindung mit Musik praktiziert werden, auch nicht mit Meditationsmusik, denn die Musik führt zu sehr in eine subjektive, träumende Welt. Es ist sehr wichtig, eine Disziplin des anschaulichen Lernens, der konkreten, ruhigen Aufmerksamkeit, der empfindungsvollen Hinwendung, der frohen Erkenntnissuche in dem Übungsweg zu sehen und mit natürlichem Ehrgeiz zu üben, ohne Zwang, jedoch mit der Bestrebung, einen Erfolg in der Entwicklung eines intensiveren seelischen und moralischen Lebens zu wünschen. Sie können zu jeder Tageszeit die Übungen praktizieren. (47)

Der Ätherleib ist ein feinstofflicher Leib, der die Lebenskräfte im Körper organisiert und die Kraft der Gedanken stabilisiert. Eine regelmäßige Praxis und bewusste Beschäftigung mit dem Gedankengut dieses Yoga ist sehr vorteilhaft, da Sie durch die wiederholende Auseinandersetzung in rhythmischer Folge eine gesunde Ätherkraft in Ihrer Gedankensphäre bilden und Sie dadurch leichter zu den tieferen Empfindungen finden. Die wiederholende, aktive Beschäftigung mit diesen Gedanken über die seelische Welt und die nachfolgende Praxis mit Übungen führt zur Einstimmung des Ätherleibes und zur Stärkung der Lebenskräfte. Neben dem gesundheitlichen Wohlbefinden steigert sich die psychische Spannkraft, und es entwickelt sich ein natürliches, sanftes Licht der Ausstrahlung, das ist ein Licht, das sich heilsam über die Aura zu anderen verströmt. Die Einstimmung, Aktivierung des inneliegenden Äthers durch Gedanken- und Empfindungsentwicklung bewirkt eine erste Verlebendigung des Seelenlebens. (48)

In unserer westlichen Konsumkultur wird normalerweise eine Disziplin nur so lange praktiziert, wie sie spürbare Erfolge und Vorteile verspricht. Lassen aber nach einiger Zeit der Praxis die angenehmen Sympathiegefühle und belebenden Energien, die sich durch die Faszination des Neuen ergeben, nach, so geraten die meisten Übenden in einen Zweifel über ihre Disziplin. Gerade aber von diesen Schwankungen des spürbaren und verwertbaren materiellen oder gesundheitlichen Erfolges sollten sich Übende nicht ablenken lassen, denn um zu einer tieferen Stimmung in der Seele zu gelangen, ist es notwendig, eine gewisse Opferleistung der Arbeit und des Verzichtes zu leisten, damit jene Grenzen einmal überschritten werden, die notwendig sind, um von der Oberfläche in die tiefere Empfindungswelt des wahren Seins vorzudringen. (49)

Die Übungspraxis sollte niemals zu einem Zwang werden, denn der Zwang ist eine Eigenschaft des gebundenen Willens, in der einmal angekommen, der Schüler keinen seelischen Erfolg finden kann. Nicht eine willentliche, fixierte Praxis mit hartnäckigen Studiengängen kann den Erfolg für das innere Seelenleben sichern. Es ist viel mehr die ausdauernde, ruhige, achtsame, wiederholte, rhythmische und dynamische Pflege von den Gedanken, die über den Yoga des Seelenlebens niedergeschrieben sind, und die wiederkehrende Praxis, die den Erfolg für das innere Erleben geben. In der Geduld und in einer positiven Erwartungshoffnung mit Wachheit und Anerkennung zu den geistigen Welten, beginnen sich die richtigen Gefühle und Erkenntnisse aus den unsichtbaren Höhen herabzusenken. Die

Gedanken, die Aufmerksamkeit und der Wille können nur auf wiederholte Weise und ohne Zwang auf die Disziplin des Studiums gelenkt werden. Der Erfolg, der aus diesen Arbeitsbemühungen zuteil wird, ist schließlich eine Angelegenheit, die durch die Gnade der höheren Hierarchien beantwortet wird. (50)

Bei Ängsten oder bei anderweitigen gesundheitlichen Problemen sollten Sie nicht ohne weitere Abklärungen von Seiten eines kompetenten Lehrers oder eines Arztes die Übungen praktizieren. Ein Schulungsweg wie dieser erfordert auf der einen Seite Entschlossenheit und Einsatzfreude, auf der anderen Seite aber müssen alle Vernunftkriterien und notwendigen Vorsichtsmaßregeln eingehalten werden. Es ist das Bewusstsein, das im Mittelpunkt der Schulung angesprochen wird, und dieses sollte auf gesunde Weise zu größeren Aktivitäten, inneren Möglichkeiten und sinnvollen Erweiterungsschritten kommen. Obwohl ein Studium wie dieses sehr wertvolle Hilfen bei Krankheiten und Leiden geben kann, so ist es hilfreich, wenn Sie mit einem kompetenten Lehrer die individuellen Möglichkeiten und Vorsichtsmaßregeln klären und Sie den Mut zur eigenständigen Beurteilung der Praxis entwickeln. Allgemein ist das Studium für alle erwachsenen Personen geeignet, jedoch kann in der Art des Übens, in der Zeitdauer und in der speziellen Zielorientierung eine individuelle Veränderung mitkalkuliert werden. (51)

Das Studium des Seelenlebens ist vergleichbar wie das Konstruieren und Erbauen eines Hauses. Um ein Haus in der Architektur zu planen, ist es notwendig, verschiedene Gesetze zu beachten und Ideen über die Konstruktion zu erwerben. Ideen können in der Regel immer erworben werden, wenn der Architekt bei klarem Bewusstsein ist und in der Kapazität seines Fachgebietes steht. Der Architekt muss sich jedoch an die vorgegebenen Richtlinien und vernunftgeprägten Maßstäbe halten, denn sonst wird seine Planung zur Phantasterei. Das Seelenleben hat sehr wenig mit Phantastereien und mystischen Versenkungszuständen in das untergründig unbewusste Dasein zu tun. Die rechten Vorstellungen entwickeln sich durch das wiederholte Studium von den Gedanken über das Seelenleben, und nach und nach entwickeln sich über diese Gedanken die einzelnen Bausteine, um das rechte Seelengebäude im Inneren zu erschaffen. An kranken oder beeinträchtigten Tagen wird sich der Arbeiter auf der Baustelle nicht überfordern, und so wird man sich an Tagen des Erschöpftseins nicht durch eine überspannte Disziplin weiter in die Erschöpfung treiben. Mit Vernunft, Hinwendung und Ausdauer gedeihen die einzelnen Schritte der Entwicklung zu einer tieferen Liebe und Weisheit, und es ist eine Freude, die im Stillen das Leben begleitet. Der Übende wird nach einiger Zeit bemerken, wie sein Innenleben reichhaltiger erstrahlt und wie er durch seinen Stand im Leben die Bestätigungen erhält, auf dem richtigen Wege zu sein. (52)

Die verschiedenen Energien bei Yoga, drei verschiedene Ausstrahlungen der Aura

In einer vereinfachten Darstellung lassen sich drei grundverschiedene Formen der Energien unterscheiden. Diese Unterscheidung ist sehr elementar und wichtig und lehnt sich an das einfache System von Körper, Leben und Bewusstsein an. Wenn sich der Übende auf dem Weg um die Unterscheidung der Energien bemüht, so kann er spirituelle Fehlinterpretationen vermeiden und seine persönlichen Erfahrungen besser einschätzen. (53)

Die Energien des Körpers, die wohl jedem Menschen bekannt sind, resultieren in der Regel aus den unbewussten Begehrensantrieben und sie sind allgemein mit Begierde oder Verlangen zu benennen. Das Sanskrit benennt diese Energien mit *kāma*. Die Begierden, sofern sie nicht von einer natürlichen existentiellen Bedürftigkeit geprägt sind, entstehen durch unerkannte Abhängigkeiten und internalisierte psychologische Traumen. Sie entstehen auch häufig durch eine Schwäche in der persönlichen Kraft oder durch oberflächliche Lebensgewohnheiten. Auch entstehen die Neigungen des *kāma*, die Begierden, durch übernommene Ängste aus der Gesellschaft und sie entstehen ferner durch egoistische Neigungen des Gemütes. Die Kräfte des *kāma* müssen auf einem Schulungspfad zum Zurückweichen gebracht werden, denn sie würden einer frommen Einkehr in die Seelenwelt des Inneren dramatisch im Wege stehen. Die körpergeprägte, begehrende Aura ist undifferenziert, ohne Grenzen vom Körper zur Atmosphäre, wie rot oder dunkel, sie wirkt wie ein raumforderndes Bündel an Vitalenergie, aufdringlich, derb, unsensibel und meist unruhig, getrieben. (54)

Begehrenskräfte sind jedoch von natürlichen Bedürfnissen zu unterscheiden. Es ist sehr wichtig, dass der Übende, der den Yogapfad betritt, nicht den natürlichen Bedürfnissen seines Leibes und seiner Lebenssituation entsagt, sondern sich um die rechte Zurückweisung all jener Triebe und Mächte bemüht, die zum Schaden von anderen führen oder die einem ästhetischen Lebenssinn widersprechen. (55)

Eine nächste und andere Form von Energie entspricht dem Ätherleib oder ist zugehörig zu dem natürlichen Leben. Diese Form der Energie wird im Allgemeinen mit dem Begriff *prāṇa* benannt. *Prāṇa* heißt in der wörtlichen Übersetzung »Lebensenergie«. Diese Lebensenergie ist bei dem Menschen auf geheimnisvolle Weise mit den Gedanken verwoben. Diese Lebensenergie, die mit den Gedanken in Verbindung steht, kann mehr von Seiten des Leibes, von der Ausstrahlung des Blutes und damit von den *kāma*-Kräften belebt sein, oder sie kann auch im günstigeren Sinne von der Wachheit, Beziehungsfreude und natürlichen, objektiven Außenorientierung des Menschen ihre Prägung finden. Ist sie mehr subjektiv aus dem Leibe motiviert, so ist die Energie des *prāṇa* ebenfalls ein Teil der Begehrensmächte des gesamten Leibes. Ist sie aber auf natürliche Weise durch die Anteilnahme an den Mitmenschen, an der Außenwelt und an den verschiedenen Fragen des Interesses zur Entwicklung geleitet, dann gewinnt sie eine erbauende und erstrahlende Leuchtkraft. (56)

In den Übungen des Yoga wird diese Lebensenergie, die im Lebensleib wurzelt, erneut angesprochen und zu einer intensiveren Dynamik angeregt. Durch die verschiedenen Dehn-, Streck- und Entspannungsübungen, durch das Einnehmen von verschiedenen Haltungen über einige Zeit, durch die Lenkung der Aufmerksamkeit und durch die Beobachtung des freien Atemflusses lösen sich zum einen die Blockaden im Körper auf und die gestauten Energien des Lebensleibes beginnen intensiver in ein Fließen überzugehen, und weiterhin wird die Lebensenergie durch die Einnahme von einer bestimmten Stellung über eine gewisse Zeit zu einer Zentrierung in den *cakraḥ*[1] gebracht. Wer beispielsweise für einige wenige Minuten in ruhiger Ausdauer, Beobachtung und Stille den Schulterstand einnimmt, der spürt im Nachhinein, wie sich die Lebensenergie im Herzen sammelt. Jede einzelne Stellung steigert die *prāṇa*-Energie in den zugehörigen Energiezentren. (57)

Für die Übungsweise ist es nun entscheidend, dass sich der Übende nicht zu einseitig von den Körperkräften und Körperenergien beeinflussen lässt und die *prāṇa*-Energien nicht zum Schwelgen, zum egoistischen Zwecke oder zum voreiligen, subjektiven Eintauchen in die unbewusste Innenwelt

---

[1] Das Wort *cakra* bedeutet übersetzt Rad. Im Plural schreibt man *cakraḥ*. Die Originaltranskription wurde in den deutschen Text übernommen.

benützt, es ist viel mehr wichtig, diese Energien zu beobachten, sie in ihrem Flusse zu erkennen und sie mit weiser Vorsicht zu gebrauchen. Die Energie des *prāṇa* kann dann wertvolle, unterstützende Leistungen zur Konzentrationsbildung und gesunden Harmonie des Lebens geben. Es sollte aber diese Energie kein Medium werden, mit der ein spiritueller Erfolg willentlich erarbeitet wird. Die Aura ist bei jenen, die auf der Stufe der Lebensenergie bleiben, wolkenartig, einhüllend, manchmal wie träumend oder tranceartig. Wenn aber der Praktizierende diese Übungen nicht für sein eigenes Vorteilsuchen benützt, sondern sie mehr als eine Erscheinungsform im Lebensgefüge erkennt, dienen sie ihm auf harmonische Weise und es kann eine größere Reinheit und Weisheit zur Entwicklung gelangen. Dann lichten sich die Wolkengebilde der Aura und gewinnen eine sympathische Formgestalt. (58)

Die dritte Form der Energie entsteht durch die aktive Tätigkeit des Bewusstseins selbst. Es ist dies eine willentliche Tätigkeit des Bewusstseins, die mit *buddhi* bezeichnet werden kann. *Buddhi* heißt »Weisheit«. Es ist die inneliegende Weisheit des Menschen im Bewusstsein gemeint. Durch die Entwicklung der regsamen Aktivität im Bewusstsein und durch die Entfaltung eines geordneten Denkens, inniglichen Fühlens und sonnenwarmen Willens, durch klare Beziehungsverhältnisse und konkrete Arbeitsschritte auf dem spirituellen Weg wird die innere *buddhi* zu einem sinnvollen Eingreifen in das Gesamtgefüge des Leibes gebracht. Die *buddhi* soll die Kräfte des *prāṇa* lenken lernen und die Versuchungsmächte des *kāma* zurückweisen. Die Entfaltung einer rechten *buddhi* im Inneren, einer lebendigen Weisheitssicht und Weisheitsdynamik durch das Gedanken- und Empfindungsleben gehört zur Tätigkeit des Yoga und führt zur Entwicklung eines qualitativ höheren Seelenlebens. (59)

Für den Übungsweg ist es sinnvoll, jene drei Kräfte *kāma*, *prāṇa* und *buddhi* voneinander unterscheiden zu lernen. Indem die höhere Kraft, das ist die *buddhi*-Kraft, über die anderen beiden Ebenen zum Eingreifen gebracht wird, entsteht eine Läuterung des Seelenlebens, eine Loslösung von bedrängenden Mächten des Körpers und es entwickelt sich bald eine Schönheit der kristallklaren Ausstrahlung, eine Aura, die goldenfarbig und radierend ist. Die *buddhi* ist jene Energie, die dem Lichte entspricht und die zu ihrer kristallbildenden Aura durch Übungen gefördert werden sollte. (60)

Die Übungen zur seelischen Empfindungsentwicklung

Die *āsana* ist mehr als eine Körperübung

Der Körper ist ein genau bemessener Ausdruck des irdischen Daseins, durch den eine transzendente und kosmische Weisheit strahlt, die ihn mit Leben und Seele erfüllt und erhellt. Der Körper selber aber ist nicht Geist oder Seele, durch ihn erstrahlt auf individuelle Weise der universale Geist und die kosmische Seele.

Eine *āsana*, eine Körperübung offenbart die spezifischen Eigentümlichkeiten des Kosmos, denn sie ist gar nicht so sehr eine reine Körperübung, sondern mehr eine feinfühlige Empfindungsübung, bei der die Hingabe im Lichte des Kosmos erlebt wird.

In der Bewegung, in dem Auf und Nieder der Gliedmaßen, im dynamischen Wechselspiel von Statik und Motorik atmet ein inneres Gefühl, das in seinem seelischen Ursprung aus dem Lichte des Kosmos entströmt. Indem wir die Bewegung nach dem inneren seelischen Gehalt und den verborgenen Empfindungen studieren, erleben wir den Kosmos in seinen Gesetzen und Wirkungen.

Jede einzelne *āsana* kann in leichterer oder schwierigerer Ausführung, von ersten eckigen, steifen Andeutungen der Bewegungsansätze bis hin zu einer flexiblen, meisterhaften Vollendung einen Ausdruck entwickeln.

In der ausdruckskräftigen und reinen Vollendung einer *āsana* drücken sich die Weisheiten des kosmischen Lichtwirkens, die der Übende durch mühevolles Studium erkannt hat, aus.

Ich demonstriere die *āsana* nicht um der Perfektion oder des Könnens willen, sondern um die Meditation und Liebe der transzendenten Wirklichkeiten näher zu führen. Jede *āsana* von mir offenbart Liebe und Hingabe und verdeutlicht das zugehörige weisheitsvolle, seelische Gefühl des einzelnen Energiezentrums. Die Fotos sind in erster Linie Meditationsbilder und zeigen nur nebenbei die technische Art der Ausführung.

Innere Ruhe

Für die gesamte Übungsweise ist es wichtig, zu einer natürlichen Ruhe, Übersicht und Entspannung, die eine bewusste Gedankenführung und lebendige Empfindungstätigkeit gewähren, zu gelangen. Der erste Basisschritt des Übens beginnt mit einigen wenigen Minuten der Einübung zur inneren Ruhe. Hierzu ist die Sitzhaltung auf dem Boden vorteilhaft, denn die Sitzhaltung auf dem Boden schenkt im Gegensatz zur Sitzhaltung auf dem Stuhl leichter eine natürliche Hinwendung zur Materie und lässt auch das Gedankenleben schneller zur Ruhe gelangen. Am Boden sitzend fühlt sich der Übende dem Leben und den energetischen Strömen des Lebens näher.

Für andere Personen ist in der Vorbereitung die Entspannungslage auf dem Rücken, *śavāsana*, vorteilhafter, da der Körper sich in den Gelenken und in der Muskulatur leichter loslöst. Hierzu ruht der Körper flach in der Rückenlage auf dem Boden, die Handflächen zeigen nach oben, die Augen sind geschlossen, das Bewusstsein ist wachsam, beobachtend und erlebensnah zu den einzelnen Gliedern des Körpers ausgerichtet. In dieser Entspannungshaltung bemerken Sie mit feinster Empfindungskraft die einzelnen Glieder, den Rücken, die Schultern und den Kopf, wie sie sanft den Erdboden berühren. Sie erleben die einzelnen Körperteile differenzierter. Dieses Erleben einer Gliederung, einer gelösten Vereinzelung der Körperteile, so als ob die Arme, Hände, Beine, der Kopf, der Nacken und die Hüften ganz in das Stadium von ausdifferenzierter, regungsloser Materie fallen, entsteht besonders dadurch, da die Rückenlage eine maximale Berührung des Körpers mit dem flachen Boden ermöglicht und der Körper sich als materielles Glied zur Materie zugehörig wahrnimmt. Achten Sie auf dieses differenzierte Erleben der Physis in der Rückenlage.

Nach der Entspannungslage ist jedoch wieder eine Haltung in der sogenannten Schneidersitzhaltung oder halben Lotusstellung oder einfacher,

---

Der Schneidersitz und der Fersensitz sind die Stellung der Erde; der Lotus ist die Stellung des Himmels.

47

im Fersensitz für den Beginn des Übens wichtig, da Sie sich nun direkter auf die kommenden Aktivschritte vorbereiten. Lassen Sie die Schultern, den Nacken und das Gesicht entspannt und halten Sie die Wirbelsäule aufgerichtet. Nachdem der Körper in der Sitzhaltung zur Ruhe gekommen ist, können Sie den Atem beobachten und darauf achten, dass der Atemfluss im Rhythmus und in der Intensität frei bleibt. Durch die Entspannung des Körpers fließt mit der Zeit der Atem auf natürliche Weise in die Tiefe. Der Atem sollte niemals fixiert, noch im Rhythmus auf einem speziellen Niveau gehalten werden. Der Atem bleibt für das Üben frei, da sich auf dieser Grundlage leichter ein freies Gedanken- und Empfindungsleben entwickeln kann.

Der nächste Schritt in der Entwicklung einer inneren Ruhe führt zur Beobachtung des Gedanken- und Gefühlslebens. Bleiben Sie ruhig in der Sitzhaltung und horchen Sie auf die eigenen Gedankenbewegungen und auf die Gefühlsströme. Werden Sie sich dieser verschiedensten, automatisch immer gegenwärtigen Gedanken und Emotionen bewusst und verharren Sie in einem beobachtenden Zustand, so wie ein Zeuge, der einen Tatbestand registriert. Diese Haltung der Beobachtung wird das Bewusstsein schließlich zur Freiheit und Ruhe leiten. Sie lässt sich als die Zeugenhaltung, *sākṣī*, bezeichnen.

Die Einübung zur inneren Ruhe führt zu einer ersten Konzentration des Gedankenlebens und zu einer Läuterung von Gefühlsverhaftungen. Das Wesentliche, das zu Erstrebende oder die zu entwickelnden Vorstellungen müssen auf uneingeschränkte und reine Weise in das Licht der Betrachtung rücken und alles Unwesentliche und emotionale Besetztsein, alle Kümmernisse oder Leidenschaften des Alltags müssen aus dem Strom der Aufmerksamkeit und des übenden Tätigseins zurückweichen.

Um diese Haltung von *sākṣī*, des betrachtenden, emotionsunabhängigen Zeugens dauerhaft zu entwickeln, ist es für den Schüler nötig, sich von Abhängigkeiten, Glaubensbindungen, negativen Störeinflüssen von Seiten der vielen Forderungen der Zeit frei zu machen. Das Üben der inneren Ruhe entwickelt sich mit jedem Tag auf neue Weise und gewinnt einen zunehmenden Fortschritt, wenn die geistigen Lebensziele besser in ihre Mitte finden. Erwarten Sie für den Anfang des Übens nicht sofort eine vollständige Konzentration, innere Ruhe und Entspannung, denn erst mit der wachsenden Übung und wahrhaftigen Treue zu einem geistigen Lebensziel gewinnt die Seele die Übersicht über den unruhigen Intellekt und über die treibenden Emotionen.

Nachdem Sie mit einigen wenigen Minuten der Vorbereitung diese Haltung der Beobachtung, *sākṣī*, eingenommen haben, folgt der erste praktische Gestaltungsschritt mit einer Übung. Während der Ausführung der Übung können innerhalb der Beobachtung lebendige Gefühle und Wahrnehmungen zugelassen werden. Das Üben selbst ist empfindungsreich, aber es ist durch sich selbst, durch die gegebenen Inhalte, Energien und Möglichkeiten lebendig, denn es findet losgelöst von den Alltagssorgen und üblichen Unruhen, Abhängigkeiten und Lastern des gewohnten Tagestreibens statt.

Die inhaltliche Gestaltung des Lebens
Die Entwicklung des Fühlens eines inneren Zentrums im Herzen
Das *anāhata-cakra*

Die erste empfohlene Übung richtet sich auf die Entwicklung eines Fühlens, dass das Herz das Zentrum des Selbstgefühls darstellt. Diese Ausrichtung auf die Herzmitte geschieht durch eine bewusste inhaltliche, produktive Gestaltungsarbeit innerhalb der Übung. Nicht dasjenige, was der Einzelne aus der Übung herausnimmt, was er für sich von der Übung gewinnen kann, sondern die Kräfte, die Aufmerksamkeit, die Hinwendung und inhaltliche Bewusstheit, die er in die Übung hineinlegt, kommt ihm als Erfolg und schließlich auch als Herzenskraft entgegen. So, wie die Sonne nicht ihr Licht von der Erde gewinnen kann, sondern ihre Strahlen unabdingbar, eigenständig und uneingeschränkt aussendet, so sollte auch das Bewusstsein sich selbst der produktiv-aktiven Tätigkeit des Gestaltens und Arbeitens bewusst werden und darin den Aufgabenschritt sehen. Den Erfolg der Übung, das zu gewinnende Resultat, sollte der Übende nicht auf egoistische Weise für sich selbst fordern. Mit Geduld, Ruhe und einer natürlichen Erwartungshoffnung öffnen sich bald die erstaunlichsten und schönsten Erfahrungen, die schließlich das Seelenleben von oben oder vom Geiste aus bereichern. Es sind die Ergebnisse wie Gnadengeschenke, die dem Übenden zuteil werden, die er aber nicht erzwingen noch einfordern kann.

Für alle Übungen, und ganz besonders für die Übungen zur Entwicklung einer bewussten Herzmitte, richtet der Übende seine Aufmerksamkeit auf ein Thema oder auf einen thematischen Zusammenhang. Er prägt beispielsweise anhand des gelesenen Textes eine möglichst authentische Vorstellung aus und führt diese Vorstellung in die Praxis des Übens hinein, oder er richtet die Aufmerksamkeit auf einen bestimmten Teil des Körpers, beobachtet diesen und erforscht das energetische Niveau oder das sich entfaltende Gefühl. In keiner Phase ist der Schüler mit dem Bewusstsein passiv, er ist immer gegenwärtig am Thema arbeitend und gestaltbildend beteiligt und dadurch ordnet er seine Gedanken und Gefühle harmonisch dem Thema unter.

Obwohl eine schweigende Stille, eine tiefe Kontemplation, eine absolute Ruhe für das freie und neuartige Erleben, das sich in einer Übung öffnet, wichtig sind, so ist das Ziel des Übens jedoch nicht, in diese Ruhe wie mystisch einzutauchen oder gar in Trance zu fallen, diese schnellen Gefühle des mystischen Erlebens auszukosten und sie als den Maßstab der zu gewinnenden Bewusstheit zu sehen. Es ist viel mehr die über die Ruhe hinausgehende ästhetische Ausgestaltung eines höheren Sinnes durch die Übung von Bedeutung. Der in der Vorstellung bestehende Gedanke sollte sich in der *āsana* durch einen rechten Selbstausdruck entwickeln und zu einem Kunstwerk kreieren. Die schweigende, beobachtende Ruhe dient zu dieser erhöhten Arbeit der Vorstellungstätigkeit und Empfindungsbewusstheit. Das Erleben wird auf diese Weise zur sonnenhaften Gestaltungskraft, und der Einzelne erlebt einen Zusammenhang vom Denken zum Fühlen und schließlich von diesem ausgehend wieder eine nahe Verbindung zum eigenen Körper. Der Körper wird im unmittelbaren Ausdrucksfeld der Gedanken und Empfindungen harmonisch erlebt. Dieses harmonische Erleben entspricht einem sonnenhaften Bewusstsein, das sich in der Herzmitte als ein Selbstgefühl äußert.

Die Bewusstseinsdisziplin, die zur Entfaltung des Herzzentrums beiträgt, lässt sich zusammenfassend darstellen: Nicht eine mystische Versenkungsmethode, nicht ein emotionales, schnell geschaffenes Einheitsgefühl mit Gott, den Menschen und der Welt sollen die Maßstäbe der Entwicklung bestimmen, sondern eine bewegte, themenbezogene, mentale, geordnete Auseinandersetzung, die den Gedanken nicht unterdrückt, die das Denken sogar schult und am Thema verlebendigt und aus diesem Denken die göttliche Weisheit der Schöpfung erfährt, führt zu den wahren Herzensgefühlen. Dieses Aktivwerden am Thema durch das Denken, nicht durch Intellektualisieren, sondern durch das bewegte, gedankliche, spiritualisierte und bildhafte Denken, schenkt ein Neugeborenwerden im ätherischen Herzen. Mit dieser Entfaltung einer sogenannten spirituell-mentalen Disziplin erfährt der Schüler die Liebe des schöpferischen Geistes als ein Zentrum des Selbstgefühls in seinem Inneren.

Eine Übung zur Sinnesempfindung der Wirbelsäule
pārśva parivṛtta trikoṇāsana

Die Gliedmaßen sind im Verhältnis zu der Wirbelsäule die jüngeren oder feineren Glieder. Sie liegen an der Peripherie, während die Wirbelsäule das Zentrum oder die persönliche Selbstachse bildet. Die Gliedmaßen sind nach den Möglichkeiten des Weitwerdens ausgerichtet, die Wirbelsäule jedoch besitzt nur geringfügige Bewegungsmöglichkeiten und sie ist in ihrer Aufgabe nach Stabilität und Zentrierung ausgerichtet. Diese Wirbelsäule ist das Ergebnis von vielen Gedankenströmen und Gefühlsstimmungen. Der Wirbel selbst ist das Urbild des Knochens, ein typisches Bild des Festen. Die Wirbelsäule ist der kompakteste, feste Teil unserer Persönlichkeit und symbolisiert dadurch auch unser Selbstsein im irdischen Leben oder das Hineingestelltsein in das irdische Leben. Indem aber die Wirbelsäule vertikal aufgerichtet ist, enthebt sie sich aus der Schwere des Erdenlebens, und der Mensch fühlt sich nicht wirklich gebunden an das körperliche Dasein.

Unsere Persönlichkeit ist so weit wie unsere Gedanken reichen und unsere Empfindungen gelagert sind. Im Gedanken- und Empfindungsleben sind wir mit einem Ich-Selbst ausgegossen in den kosmischen Raum. Wir sind im Stillen der Seele mit den Götterwelten über uns und um uns herum verbunden. Immerfort strömen Gedanken und Gefühle durch unser gegebenes, persönliches Wesen, durch unsere Inkarnation, und sie bilden schließlich in der Manifestation einen irdischen Körper, der sich in der aufgerichteten Wirbelsäule auf seine ihm gemäße ästhetische Weise verkündet.

Bei dieser Übung wollen wir die Wirbelsäule in einigen rotierenden Bewegungsradien, die sich schließlich zu einem Kreis schließen, erleben. Indem die Wirbelsäule abwechselnd um die eigene Achse gedreht und ausgedehnt empfunden wird und dabei auch das runde und kreisende Element der Bewegung in das Bewusstsein rückt, bemerkt der Übende, dass es ein Oben und ein Unten im Leben gibt und er selbst ein Zentrum in seiner Mitte trägt. Dieses Zentrum ist das Herz, das sich aus dem Kosmos und den Geistwelten zu der Mitte der Persönlichkeit formt.

Zur Ausführung

Nehmen Sie zur Ausführung einen natürlichen, gleichseitigen Dreiecksstand ein. Halten Sie diesen Stand möglichst stabil. Führen Sie schließlich die Arme gestreckt nach oben und legen Sie die Handflächen aneinander. Bleiben Sie sich in der Standposition bewusst und richten Sie die Aufmerksamkeit auf die einzelnen Bewegungsformen, die nun durch die Wirbelsäule getätigt werden. Die Wirbelsäule selbst erlebt sich auf diese Weise in den verschiedenen Raum- und Zeitverhältnissen der irdischen Welt.

Drehen Sie die Wirbelsäule um die eigene Achse auf die rechte Seite, beugen Sie schließlich den Körper nach rechts über das rechte Bein hinaus. Der Körper dehnt sich dabei seitlich über die Dreiecksposition hinweg. Bleiben Sie sich den einzelnen Phasen bewusst und drehen Sie dann die Wirbelsäule wieder um die eigene Achse zurück, so dass der Körper in der seitlichen Dreiecksstreckung nun nach vorne ausgerichtet ist. Führen Sie sodann die Bewegung wieder nach oben in die Mittenstellung zurück.

Diese Bewegung wird sodann auf die linke Seite im gleichen Rhythmus ausgeführt. Sie dauert etwa eine halbe Minute auf jeder Seite. Wiederholen Sie die Bewegungen einige Male auf jeder Seite.

Achten Sie auf die Empfindungen, die sich durch die Übung entfalten. Es ist in der Regel eine Zentrierung in der Region des Herzens spürbar. Wichtig erscheint es zudem, jene Haltung des Bewusstseins zu bewahren, das ist, die Wirbelsäule in der Vorstellung als ein Ergebnis eines kosmischen, gedanklich empfindungsvollen Prozesses zu nehmen und das eigene Leben als ein Inkarnationsdasein zu betrachten, bei dem die Wirbelsäule die Achse des Hineingestelltseins in den irdischen Raum bildet.

Nachdem die Übung abgeschlossen ist, können Sie noch im Stand des Dreiecks verweilen und mit den Armen und Händen einen weiten Kreis beschreiben. Der Kreis sollte lebendig in der Empfindung erlebt werden. Der Kreis ist ein Ausdruck für den Feueräther, der im Herzen lokalisiert ist und die innere Kraft für das Selbstsein beschreibt. Schließlich ist der Kreis auch ein Symbol für das Unendliche, das Geschlossene, für das Unvergängliche. Das Ewige und das sogenannte innerste Selbst des Menschen sind das Gleiche.

Die Zehenspitzenstellung
pādāṅguṣṭhāsana

Das Bild und die Bedeutung der Übung

Das Gleichgewicht ist ein Sinnbild für die Harmonie von einem oberen zu einem unteren Pol und für die Ausgeglichenheit zwischen den extremen Gegensatzpaaren wie Freude und Leid, Erfolg und Misserfolg, Hoffnung und Verzagtheit, usw. Das Herz ist das Organ, das die glückliche Ausgeglichenheit im irdischen Sein kennzeichnet. Das Herz ist jedoch nicht ein statischer Ort, der, wenn einmal eine Mittenstellung und eine Harmonie gefunden wurde, immer in seiner gleichen Lage bleiben würde. Immerfort will das Herz ein neues Gleichgewicht erleben, denn es will innerhalb der verschiedenen aktiven Entfaltungsprozesse zu einem gesteigerten inneren Selbstgefühl und Gewahrsein der Mitte gelangen. Deshalb bedarf es der ständigen progressiven Entwicklungsprozesse, damit das Herz sich in seiner Sonnen- und Harmoniekraft erleben kann und auf gesunde Weise das Selbstwertgefühl des Menschen repräsentiert. Im Herzen lebt das gesunde Selbstwertgefühl unserer Persönlichkeit. Die Gleichgewichtsübung repräsentiert die Einkehr zur Innerlichkeit und Ruhe im eigenen Wesen.

Für diese Einkehr in die Herzmitte kann der Zusammenhang zu der Wirbelsäule, die sich im Aufgerichtetsein erleben möchte, lebendig erfahrbar gemacht werden. Das lebendig entfaltete Herz schenkt eine gelöste Brustwirbelsäule und diese schenkt weiterhin wieder ein Gefühl des In-sich-selbst-Aufgerichtetseins bei gleichzeitig bestehender Innerlichkeit und einem ersten Gefühl der Unabhängigkeit von äußeren Einflüssen. Es ist die Empfindung eines langen Rückens mit einem lebensvollen, lebenssprießenden, jungfräulichen Selbstgefühl identisch. Dieses jungfräuliche Gefühl kann als Anmut bezeichnet werden, dies ist ein Gefühl, das sich aus der Reinheit einer feinen inneren Zentrierung bekundet.

Die Anmut ist ein erstes, im sogenannten Ätherleib gegründetes Selbstgefühl; es beruht auf einer natürlichen Empfindungsnähe zum eigenen Körper oder zu den eigenen Gefühlen. Im Fühlen der Anmut spürt der Einzelne das Leben in einer Nähe. Dies ist die Bedeutung dieser Übung.

Zur Ausführung

Stellen Sie sich mit geschlossenen Beinen in den Zehenspitzenstand und in die Hockestellung. Richten Sie darüber die Wirbelsäule vertikal auf. Die Arme und Hände sind vorerst nach unten zum Boden gerichtet. Es kann mit ihrer Hilfe die Balance eingehalten werden. Der Kopf ist ebenfalls in die vertikale Linie der Wirbelsäule einbezogen. Entspannen Sie die Schultern.

Nun beginnen die Hände den Boden zu verlassen, und der Körper bleibt in einer ruhigen, sensiblen Balance auf den Zehenspitzen. Die Arme gleiten nun langsam in einer großen, seitlichen Bewegung nach oben, und die Wirbelsäule erfährt sich bei dieser nach oben strebenden Bewegung in einem zunehmenden, sanften Hochrichten. Die Wirbelsäule wird tatsächlich nun im Längswachstum erlebt. Sie wird auch länger, und es offenbart sich ein fein subjektiv befreiendes Gefühl gegenüber dem Körper. Schließlich gelangen die Hände über dem Kopf aneinander, und die Arme sind gestreckt über dem Körper. Die Wirbelsäule bleibt im aufgerichteten Lot, ohne sich aber zu überstrecken.

In der letzten Phase der Übung senken sich die Hände nach unten und bilden am Herzen das sogenannte *ātmāñjali-mudrā*, das ist die Geste der Vereinigung. Es wird die Mitte im Herzen bei gleichzeitig aufgerichteter Wirbelsäule erlebt. Der Körper ruht inniglich bewusst im Gleichgewicht.

Achten Sie bei der Ausführung auf das vertikale Lot in der Wirbelsäule, das sich im balancierenden Hockstand nur herstellen lässt, wenn die Knie weit nach vorne, geschlossen und die Oberschenkel exakt horizontal ausgerichtet sind.

Das Erleben der aufgerichteten Wirbelsäule bei gleichzeitiger Bewahrung des ruhigen Gleichgewichtes schenkt ein Gefühl der Innerlichkeit und ein daran gebundenes, angenehmes Selbstempfinden, das im Herzen lokalisiert ist. Es ist dies ein Ätherempfinden des Herzens, das eine freie Sicht aus der erlebten Ruhe gegenüber dem Denken und den äußeren Emotionen eröffnet.

Der Baum
tāḍāsana [1]

Das Bild und die Bedeutung der Übung

In *tāḍāsana* steht der Übende balancierend auf einem Bein und winkelt das andere im halben Lotus zur Leistenbeuge an. Er ist aufgerichtet mit erhobenem Haupt und erlebt sich auch in diesem Stand des Aufgerichtetseins. Die Augen sind während der Übung geöffnet und halten wachsam die Kontrolle über das Gleichgewicht. Die Übung bezeichnet das Ich-Gefühl des Menschen, das gerade durch das Aufgerichtetsein im Stand besteht. Dieser Stand ist aber nicht ein fester, statischer oder unerschütterlicher, er ist ein Stand, der beständig durch die Kontrolle gegenüber der Außenwelt im Lot gehalten werden muss. Der Übende sollte während der Übung nicht in ein Träumen versinken, er sollte die Augen nicht schließen, er muss in wacher Kontrolle gegenüber den Raumverhältnissen bleiben. Das Ich ist in seiner ausübenden Funktion tätig, wenn der Übende innerhalb seiner Beziehungsverhältnisse wachsam, kontrollierend und korrigierend bleibt. Die Erfahrung dieser aktiven Funktionsausübung des Ich ist die Bedeutung der Übung.

Zugleich erlebt der Übende den seelischen Bedeutungssinn einer ersten einfachen Konzentration. Die Sinne streifen im gewöhnlichen Alltagsbewusstsein unkontrolliert, springend, inhaltlos, wie verloren an den Objekten der Außenwelt vorbei. Durch diesen oberflächlichen Alltagszustand der Aufmerksamkeit erlebt man nicht mehr den Wert der selbständigen Beziehungsaufnahme zur Welt. Dieser allgemeine Zustand wird durch die ausgebreiteten Arme in der Vorphase der Übung dargestellt. Schließlich aber formt sich das Bewusstsein zentrierter, der Körper hält das Gleichgewicht und die Arme falten sich als Geste der Sammlung und Bewusstheit zur Mitte.

---

[1] Die wörtliche Übersetzung von *tāḍāsana* ist »Berg«, jedoch entspricht die *āsana* mehr dem Sinnbild des Baumes, daher die übertragene Übersetzung.

Zur Ausführung

Stellen Sie sich mit dem linken Fuß fest auf den Boden und winkeln Sie den rechten Fuß in die Leistenbeuge, so dass Sie schließlich auf dem einen Bein balancieren müssen. Sie können auch den rechten Fuß weiter nach unten richten, wenn dies für Sie von Vorteil ist. Wichtig ist es, eine balancierende Haltung auf einem Bein einzunehmen. Entspannen Sie die Schultern, richten Sie den Rücken harmonisch auf und führen Sie die Arme weit nach außen, so dass Sie das Gefühl des In-den-Raum-wachsam-Eingebundenseins empfinden. (siehe Bild) Führen Sie schließlich die Hände auf Herzenshöhe zu dem *ātmāñjali-mudrā*, zu der Form einer Gebetshaltung zueinander.

Verweilen Sie etwa eine Minute in dieser Standposition mit geöffneten Augen und einem Bewusstsein gegenüber dem Aufgerichtetsein des Körpers. Atmen Sie frei, weich und beobachten Sie die Herzregion. Das Herz ist das Organ des inneren Gleichgewichts zwischen oben und unten, zwischen links und rechts. Wechseln Sie schließlich mit dem Bein zur anderen Seite.

Der Baum lässt sich am besten mit dem Andreaskreuz kombinieren, da beide Übungen ein sehr ähnliches Thema aufweisen und sich miteinander ergänzen.

Das Andreaskreuz
saṁdhisthāna

Das Bild und die Bedeutung der Übung

Ähnlich wie bei *tāḍāsana*, dem Baum, gibt es bei der Übung ein Raumerleben nach außen und ein Raumerleben nach innen. Der Raum des Äußeren, das heißt, das Milieu, die atmosphärische Umgebung, die Wesenskräfte oder Einflüsse der Umgebung bestimmen das innere Befinden, während auch das innere Befinden rückwirkend auf die äußere Umgebung einen Einfluss nimmt. Ein Gefühl für das Außen lässt sich bildhaft durch die Gliedmaßen, die sich wie Sinnesorgane in den Raum richten, erahnen. Im Andreaskreuz erlebt sich der Einzelne im eigenen Selbstgefühl, indem er eine Zentrierung nach innen durch die sanft empfangende Geste der Arme erzeugt. Die Arme und Beine bilden eine Kreuzform. Der Schnittpunkt des Kreuzes ist zwischen dem *maṇipūra-cakra* und dem *anāhata-cakra*, zwischen dem dritten und vierten Zentrum. Diese beiden Zentren werden harmonisch aufeinander abgestimmt. Indem das Außen durch die hochragenden, fühlenden Arme erlebt wird und der Raum atmosphärisch auf das Innere wirkt, entwickelt sich noch eine intensivere Selbstwahrnehmung im eigenen Innenraum. Die regsame Tätigkeit des wachen, überschauenden Selbstgefühls wird hier durch die in die Atmosphäre gestreckten, fühlenden Arme, die wie Sinnesorgane und Handlungswerkzeuge zugleich sind, in der Übung dargestellt. Der Übende erlebt seine Persönlichkeit im Inkarniertsein am tiefsten im Kreuzpunkt des Inneren und diesen erlebt er als ein Ergebnis verschiedener überkommender geistiger Ströme.

Zur Ausführung

Nehmen Sie mit den Beinen einen Stand von etwa einem dreiviertel Meter Abstand ein. Führen Sie die Arme nach oben und nehmen Sie mit den Händen etwa den gleichen Abstand ein. Der Körper bildet auf diese Weise eine Kreuzform. Kehren Sie sodann die Handflächen nach hinten und stellen Sie sich auf die Zehenspitzen. Die Aufmerksamkeit erfolgt ruhig in den Raum nach außen und ruhig zurück nach innen zu der Mitte des Kreuzpunktes.

Der Schulterstand
sarvāṅgāsana

Das Bild und die Bedeutung der Übung

Sarvāṅgāsana heißt »die Stellung aller Teile«. Sie ist jene *āsana*, die ihren Mittelpunkt im Herzen besitzt und aus diesem Zentrum heraus sich zentrifugal in die Gliedmaßen verströmt. Wie ein lebenskräftiger Getreidehalm strebt der Körper dynamisch entgegen der Gravitation in die anmutige kerzenartige Linie. Das Bild des Ätherfließens, des Fließens der Lebenskräfte aus dem Herzen in den peripheren Körper ist mit dieser *āsana* eindrucksvoll gegeben. Der Kopf, die Schultern und die Oberarme ruhen bei der Ausführung am Boden. Sie bilden die natürliche irdische Basis für das zentrifugal sprießende Wachstum der erbauenden Lebenskräfte.

In dieser Stellung ist weniger die strenge, formgebundene Linie betont, sondern viel mehr das natürliche Wachsen in energetischer Leichtigkeit aus der Herzmitte. Dieses Wachsen ist eine ästhetische Geste des weiblichen Elementes der Persönlichkeit. Nicht die bildenden Kopfkräfte, die Struktur bringenden Haupteskräfte, sondern die lebenserfrischenden Ätherkräfte mit ihrer unaufdringlichen, reinen und freudigen Levitationskraft bestimmen den Ausdruck dieser Übung. Nicht Kraft, sondern Innerlichkeit, entspannte Dynamik und eine daraus resultierende Reinheit führen zu dem weiblich anmutigen Ausdruck der Übung. Der Schulterstand kennzeichnet sich durch die Reinheit der aufbauenden Ätherkräfte des Herzens. Darin liegt der seelische Bedeutungssinn dieser Übung.

Zur Ausführung

Für die Ausführung ist es sinnvoll, wenn einige vorbereitende, aufwärmende Übungen bereits stattgefunden haben. Es eignet sich beispielsweise der Pflug, *halāsana*, sehr gut, um die gesamte Wirbelsäule durchzuarbeiten und die Aufrichtekraft in der Brustwirbelsäule zu erleichtern. In der Vorbereitung sei aber auch noch eine andere *āsana* beschrieben, die zu einem ersten Fühlen der Innerlichkeit und der Durchströmung im Herzzentrum

beiträgt. Diese Vorbereitungsübung eignet sich unmittelbar vor der Ausführung des Schulterstandes.

Die Übung heißt *utthita bhuja mukhāsana*. Sie ist gekennzeichnet durch ein bewusstes Erspüren der Brustwirbelsäule, während der Kopf und die Arme entgegen der Schwerkraft vom Boden hochgehoben werden. Nicht kraftvoll und vital, sondern langsam, bedächtig, mit innerlichem Spüren hebt der Übende die Arme und den Kopf vom Boden nach oben hoch. Die Übung beginnt in Bauchlage und kann etwa für eine halbe bis eine Minute ausgeführt werden. Immer weiter hebt der Übende die Arme nach oben und streckt dabei die Brustwirbelsäule bedachtsam durch.

Schließlich wechselt der Übende in die Rückenlage und geht in die Ausführung von *sarvāṅgāsana* über. Mit geschlossenen Beinen hebt er den Rumpf und Rücken vom Boden hoch und greift schließlich mit den Händen zur Stütze an die Nierenpartie. Der Kopf liegt gerade, die Augen bleiben in der Regel offen. Der Atem fließt während der Ausführung vollkommen frei, und die Aufmerksamkeit ist in das Zentrum im Brustkorb, in das *anāhata*-Zentrum gerichtet. Ohne den Körper vorschnell in die vertikale Linie hineinzuzwingen, ordnet sich der Übende gemäß dieses Bewusstseins aus und führt schließlich langsam, nach den Möglichkeiten der Flexibilität, den Körper in eine perfektere Aufgerichtetheit. Die Beine bleiben während der Ausführung geschlossen. Der Kopf und der Nacken ruhen entspannt am Boden.

Es sind lebendige Ätherkräfte, die nicht durch unmittelbaren, vitalen Willenseinsatz das Aufrichten erzielen, es sind Kräfte, die sich aus der Entspannung und Innerlichkeit in die Dynamik verströmen. Wie eine Getreideähre, makellos im wiegenden Stengel, mühelos im goldenen Schimmer des Sonnenlichtes, erhebt sich der Körper umgekehrt in den Raum, einen erfüllteren Raum, den der Übende, wenn er genau auf die Empfindungen horcht, wie einen bläulichen atmosphärischen Glanz erlebt.

Für die Ausführung benötigt der Übende meistens mehrere Minuten Zeit. Es kann die Übung bis zu fünf Minuten eingehalten werden. Eine besinnliche Dauer in der statischen Phase ist wie bei anderen Übungen sehr vorteilhaft.

Die Entwicklung von Weite
im Ausdruck des *maṇipūra*-Zentrums

Das *maṇipūra-cakra* liegt auf der Höhe des Magens, etwa dort, wo sich der Plexus coeliacus befindet. Allgemein benennt es die deutsche Übersetzung mit dem sogenannten »Sonnengeflecht«, das ein kleineres, zentrales, vegetatives Nervengeflecht darstellt. Es ist ein wärmebildendes Zentrum, da es mit den aktiven Stoffwechselorganen wie Pankreas, Galle, Magen und auch mit den extraperitonalen Nieren in Verbindung steht. In dieser Region des Bauchraumes findet der wichtigste Anabolismus statt.

Der Übende erlebt dieses Zentrum durch eine angenehme, befreiende Flankenatmung, die sich in der Grundempfindung der Weite ausdrückt. Diese Empfindung der Weite weist eine deutliche Verbindung zur gesamten Skelettmuskulatur des Körpers auf, denn diese kann entspannt, natürlich und elastisch im Zusammenwirken sein oder angespannt, übersäuert, mit Verkrampfungsneigungen und schmerzlichen Kontraktionen. Schließlich ist dieses Zentrum, das um die Nierenregion gelagert ist, für die aufbauende Regeneration der Wirbelsäule ausschlaggebend. Ist dieses Zentrum gut entwickelt, so ist die Spannkraft der Wirbelsäule frei verfügbar und Stabilität wie auch Flexibilität halten sich auf harmonische Weise die Waage. Die Stärkung des Sonnengeflechtes ist deshalb für alle Wirbelsäulentherapien und für das natürliche Regenerationsvermögen des Körpers von entscheidender Wichtigkeit.

Im Mittelpunkt des Lernens steht die Entfaltung einer Zielperspektive und einer daraus entstehenden freiheitlichen Beziehungsaufnahme zur Außenwelt. Aus den Zielen entwickelt sich eine natürliche Spannkraft, und aus diesen entwickelt sich eine verlebendigte interessierte Teilnahme an der Außenwelt. Das Zentrum am Sonnengeflecht schenkt deshalb eine erste Form der natürlichen Liebe zum Leben und zu der Materie, indem es eine sympathische Weite mit Anmut und Freude, mit Spannkraft und Anteilnahme am Leben eröffnet. Aus dem Interesse, aus der Anteilnahme und aus dem natürlichen Mitempfinden erwachen schließlich die hohen Charaktereigenschaften der Pietät und der Wertschätzung menschlicher Freiheit.

Innerhalb der Übungen wird die naturgemäße Weite durch das freie Atmen, eine zielgerichtete, vom Bewusstsein getragene Spannkraft und eine gezielte Beziehungsaufnahme zu elementaren Sinnbildern der Übungen gelernt. Die einzelnen Übungen regen durch ihr verborgenes Kräftewirken die Erlebnisqualitäten an und über die neu eingestimmten und verinnerlichten Seelenkräfte des Denkens, Fühlens und Willens gewinnen schließlich die Eigenschaften von Pietät und Wertschätzung der menschlichen Freiheit einen größeren Entfaltungsraum.

Ergänzend sei bemerkt, dass das *maṇipūra-cakra* das Kraft- und Willensreservoir für den Astralleib darstellt. Es ist gewissermaßen der Kosmos mit seiner Lichtfülle im Menschen. Für jene Personen, die eine intensive Geistschulung durchgehen, muss aber darüber hinaus der Astralleib oder, anders ausgedrückt, das Bewusstsein mit jedem Tag neu geordnet und exakt zielgerichtet werden. Für den Anfang einer Praxis mit Übungen bedarf es noch nicht der rhythmischen Disziplin der beständigen Ordnungsherstellung, der Kontrolle des Denkens und Fühlens und der Übersteigung egoistischer Verhaltensweisen. Anfangs kann eine gewisse egoistische Lebensweise toleriert werden, da der Übende noch nicht über die Unterscheidung verfügt, welche Neigungen aus der Seele zu annullieren und welche Verhaltensweisen zu entwickeln sind. Mit der zunehmenden Erfahrung auf dem Geistschulungsweg jedoch entsteht die unausweichliche Forderung, den Astralleib durch eigene Krafteinsätze, Entscheidungen und durch eine rechte Kontrolle der Emotionen zu ordnen.

Der Grundsatz, der zur Ordnung des Bewusstseins (Astralleib) führt, heißt in der Zusammenfassung: »Denke und fühle nicht ausgehend von deiner Innensicht, sondern beginne aus der getätigten Anschauung, aus der Wahrnehmung zu anderen, zu einer Sache oder einer objektiven Erscheinung zu denken und zu fühlen. Beginne dein Denken und Fühlen aus dem weiten, realen Umkreis durch selbständige Bewusstheit zu entwickeln und vergiss niemals das Ziel einer hohen Geistrealisierung.«

Mit der Realisierung dieser Grundsätze kann der fortgeschrittene Schüler seinen Astralleib ordnen und gleichzeitig ein Gleichgewicht zwischen Selbsthinwendung und Selbstaufgabe, zwischen Beziehung und Selbststandpunkt, zwischen Zielrealisation und Pietät entwickeln.

Der Pflug
halāsana

Das Bild und die Bedeutung der Übung

Der Pflug wendet die Erde um, damit sie neue Früchte hervorbringen kann. Die Übung beschreibt eine Umkehrhaltung, bei der der Kopf unten ist und die Beine sich über den Rumpf schwingen. Gleichzeitig stellt die Form des Körpers einen sehr einfachen, alten Pflug dar, bei dem der Rumpf das Gerüst ist und die Füße die Schaufel, die in die Erde gräbt, darstellen. In diesem Sinnbild der Funktionsweise und des Aussehens eines Pfluges liegt das geistige Bild der Wandlung.

Der Übende beginnt in Rückenlage, schwenkt die Beine über den Kopf und verharrt erst einmal in der vorbereitenden Phase der Umkehrhaltung, bis er schließlich die Beine endgültig zum Boden absenkt und die Bewegung in der Statik zur Ruhe führt. Von oben gleiten die Beine langsam nach unten, bis sie schließlich den Erdboden solide hinter dem Kopfe berühren. Dieser Moment des Absenkens der Beine sollte bewusst erlebt werden, denn es ist ein Augenblick des Erwartens, ein subtiles Offensein innerhalb der ausgleitenden Streckung, bis schließlich die eigentliche Natur des Pfluges, die mit der Schaufel in die Erde eindringt, und damit das Bild des ganzen Aktes der Umkehrung vollzogen ist.

Der Übende erlebt sich in der Umkehrhaltung einerseits offen, andererseits aber durch die Bewegung eingeschnürt und sucht aus diesem Spannungsverhältnis nach Entwicklung, Fortschritt, Veränderung, Neuanfang. Das Bild der Wandlung drückt sich in der Umkehrhaltung und in der gesamten dynamisch getätigten Bewegung, bei der das Empfinden zum Boden, zur Erde und die Sehnsucht nach Weite in einer Ahnung zum Geiste lebendig ineinander gedrängt sind, aus.

Während der Ausführung dieser Übung können die Vorstellungen zu Weite, Einschnürung und Sehnsucht nach Neuanfang erlebnisnah empfunden werden und das Bewusstsein bildhaft bereichern.

Zur Ausführung

Beginnen Sie in Rückenlage mit geschlossenen Beinen und den Armen neben dem Körper. Führen Sie in einer großen Bewegung die Beine nach oben und auch weiter, bis sie sich horizontal über dem Kopf befinden. Verharren Sie nun vorbereitend in dieser Stellung und nehmen Sie die Arme von hinten seitlich nach vorne, damit der Moment des sensiblen Offenseins und einer weiten Atmung zur bewussten Erfahrung gelangt. Die Arme seitlich nach vorne umgelagert lassen den Atem mehr in die Flankenzonen fließen. (Bild Seite 77)

In dieser vorbereitenden *āsana*, die etwa bis zu einer halben oder auch einer Minute gehalten werden kann, ist das *maṇipūra-cakra* im oberen Bauchraum als Energiezentrum spürbar. Es bildet den Sammelpunkt und zugleich den ausströmenden, dynamischen Bewegungsmoment für diese Übung. Senken Sie dann unter Kontrolle die Beine hinter den Kopf nach unten und verschränken Sie die Finger nach vorne mit gestreckten Armen. Der Atem bleibt während der dynamischen wie auch während der statischen Phase des Pfluges immer frei. Wenn es möglich ist, so können Sie die Spannkraft erhöhen, indem Sie die Beine weiter nach hinten in die Streckung führen. Die Halswirbelsäule sollte jedoch keinesfalls durch vorschnelles oder zwanghaft willentliches Hineingehen zur Überspannung geführt werden. (Bild Seite 78)

Für den Pflug gibt es einige sehr hervorragende Variationen, die dem Erleben von subtiler Offenheit und Enge im Innenraum nahe stehen. Eine der sehr ästhetischen Variationen ist das Heben eines Beines in den Schulterstand. Im dynamischen Wechselspiel, gefolgt von kurzen Ruhephasen in der Endstellung, kann einmal das linke, dann das rechte Bein nach oben dynamisch in die Vertikale des Schulterstandes ausholen. In dieser Variation ist eine subtile Offenheit und zugleich spannkräftige Dynamik im dritten Zentrum spürbar. Mit dieser Variation lässt sich der Zusammenhang von freier Bewegung und freier Atemtätigkeit erfahren. Die Bewegung wird um so lebendiger, sprießender, dynamischer und freier, wenn auch der Atem weit und das Erleben ungebunden und mit natürlicher Willenstätigkeit zugelassen wird. Eine andere Variation ist jene mit gegrätschten Beinen. (Bild Seite 79) Diese lässt die Empfindung von Weite aufkommen.

Die Kopf-Knie-Stellung
paścimottānāsana

Das Bild und die Bedeutung der Übung

Diese sehr wichtige Grundstellung des *haṭha-yoga* beschreibt einmal das Grenzüberschreiten, das Ausdehnen der persönlichen Möglichkeiten im Sinne einer willentlichen Aktivitätsleistung und weiterhin deutet sie auf den inneren Sinn des geduldigen Arbeitens und ausdauernden In-Beziehung-Tretens zur irdischen Materie. Der Übende gibt sich einerseits weit und ausgedehnt, andererseits aber tief und versiert der geschlossenen Form in der Bewegung hin. Es ist das seelische Bild des In-die-Materie-Hineingehens, des tiefen Berührtwerdens der Seele durch die Form des Irdischen.

Nach einer etwas oberflächlicheren Betrachtung des Bewegungsspiels könnte man meinen, dass dieses weite, grenzüberschreitende Vorwärtsbeugen eine Geste der Demut darstellt. Es ist aber weniger die religiöse Geste der Demut, sondern viel mehr das tatsächlich aktive, formgebende Hingewendetsein an die Materie und sogar das mutige Hineingehen in Spannungen und unbequeme Verhältnisse, die die Materie bietet, angesprochen. Die Stellung ist deshalb eine der aktivsten, die der Yoga kennt. Sie ist mit Arbeit, Einsatz und Ausdauer verbunden. Das Empfinden, tief in die Erde, in das Leben, in die Realitäten mit der eigenen Schöpferkraft einzudringen, ist das Sinnbild dieser Übung.

Zur Ausführung

Es sind vorbereitende Übungen wie das Sonnengebet, *sūrya namaskara*, der Pflug, der Schulterstand oder auch andere Körperübungen sehr sinnvoll angezeigt, da die Bewegung mit ihrer grenzüberschreitenden Ausdehnung einer unbedingten Erwärmung bedarf. Sie können die *āsana* auch mehrere Male hintereinander ausführen und sich so der ansteigenden Spannung widmen. Beginnen Sie jedenfalls in der Sitzhaltung mit gestreckten Beinen und führen Sie bei entspannten Schultern die Arme und

den Oberkörper weit über die Beine nach vorne hinaus. Koordinieren Sie den unteren und mittleren Rücken mit steigender Aktivität zu den oberen Partien des Rückens, zu den Schultern und Armen, die zunehmend einer Entspannung unterliegen sollten. Nachdem Sie den Körper weit in die Stellung geführt haben, ist es sinnvoll, die Arme wie große Flügel zu öffnen, damit der Atem noch einmal in der Flankenregion und in der befreienden Weite erlebt werden kann. (siehe Bild) Kommen Sie schließlich in die Endstellung, indem Sie die Füße mit den Händen ergreifen oder, wenn möglich, die Finger hinter den Füßen verschließen. Die Ausführung selbst kann in der Spannkraft sehr variieren. Manchmal ist es notwendig, dass Sie sich erst einmal mühsam in die Vorwärtsbeuge hineinarbeiten müssen und Sie erst nach langer Zeit die Füße ergreifen können.

Die *āsana* wird in der Endphase bei möglichst gestreckten Beinen bis zu mindestens einer Minute und eventuell sogar bis zu fünf oder noch mehr Minuten gehalten. Eine bewusste Ruhe bei gleichzeitiger Übersicht ist anzustreben.

Empfehlenswert bei der Ausführung dieser Übung ist es, dass Sie in der gesamten Bewegungsdynamik ihre persönlichen Leistungsgrenzen überschreiten lernen. Dieses Grenzüberschreiten ist nicht ein zwanghaftes Drücken des Körpers in eine gewünschte Form, es ist vielmehr ein dynamisches, hochaktives Ausströmen der Wirbelsäule in eine wachsende Längsdehnung, die sich in der Endphase in eine elegante und niedrig gewählte Form einfügt. Aus einer dem Sonnengeflecht oder *maṇipūra-cakra* entspringenden, großen Impulskraft fließt die Bewegung in die Längsstreckung und sucht sich nach geraumer Zeit eine ruhige, geschlossene Form. Die Streckung mit aktiver Dynamik und lebendiger Entschlossenheit wird während der statischen Phase aufrechterhalten. Die Schultern bleiben jedoch möglichst entspannt. Legen Sie bei der Ausführung ganz besonders Wert auf ein bewusst vorgenommenes Grenzüberschreiten in der Dehnung der Wirbelsäule. Setzen Sie deshalb das Bewegungsmoment nach geraumer mentaler Vorbereitung zentriert und sehr unmittelbar an. Die Zentrierung ist genau in der Mitte der Wirbelsäule, die Entspannungen befinden sich nach oben hin zu Schultern und Nacken.

Eine andere, sehr edle Variation kann durch die zusätzliche Drehung der Wirbelsäule bei *paścimottānāsana* erfolgen. Wird diese zusätzliche Drehung praktiziert, so verfeinert sich das Erleben zu einer größeren Sensibilität und empfindsamen Offenheit. Drehen Sie während der Kopf-Knie-Stellung den Körper vorsichtig und doch mit einer gezielten Dynamik auf die linke Seite und legen Sie die linke Hand über den Rücken in die rechte Taille, damit eine ästhetische und anmutige Form entsteht. Der rechte Arm ist dabei auf der rechten Seite der Beine gelagert. Diese schwierige Stellung kann bis zu zwanzig Sekunden in der Endphase eingehalten werden. Sie heißt *pārśva paścimottānāsana*.

Der Bogen
dhanurāsana

Das Bild und die Bedeutung der Übung

Wie der Pfeil eines spannkräftigen Bogens in die Weite fliegt und sein Ziel erreicht, so sollte die Wirbelsäule spannkräftig und elastisch sein, damit sie für die täglichen Aktivitäten hohe Kräfte freisetzen und der Mensch seine persönlichen Ziele realisieren kann. Die Wirbelsäule ist die zentrale Achse des persönlichen Wesens und signalisiert durch ihre gesunde Elastizität, Stabilität und Dynamik die Fähigkeiten zur vitalen, aktiven Schaffenskraft. Makellos, ohne Blockaden sollten die einzelnen Wirbelkörper zu einer spannkräftigen Einheit zusammenwirken. Gleichzeitig sollte diese Flexibilität durch eine kraftvolle Muskulatur jeder Labilität und Schwäche entgegenwirken.

Der Bogen ist ein Sinnbild für eine gesunde nervliche und körperliche Spannkraft und stellt die vitale Substanz der Konzentrationsfähigkeit dar. In diesem Sinne ist das *maṇipūra-cakra* das körperliche Konzentrationszentrum, von dem aus jede aufbauende Dynamik und zielstrebige Aktivität beginnt. Im Bogen ist dieses Zentrum durch die Mitte der Anspannung gekennzeichnet.

Die zu erzielende, einsatzfreudige Aufbauspannung kann bei der Ausführung, lebendig aus der Nieren- und Lendenregion ausströmend, sowohl nach oben Richtung Kopf als auch nach unten Richtung Beine und Knie empfunden werden. Die Fülle der vitalen Konzentration und Spannkraft erfüllt bei der Ausführung dieser Stellung lebendig die körperliche Expression.

Der Bogen ist die Stellung der gezielten Aktivität. So wie ein Bogen mit seinem zitternden Angespanntsein das Instrument für die Zielumsetzung einer wartenden Absicht ist, so ist das menschliche Leben ein Ausdruck für ein aktives Wollen, das sich durch konzentrierte, wohl abgestimmte Bewegungen eine genau bemessene Richtung sucht.

Zur Ausführung

Beginnen Sie die Übung in Bauchlage mit einer vorbereitenden, ästhetischen und dynamischen Bewegung. Strecken Sie den rechten Arm weit nach vorne und den linken nach hinten. Führen Sie sodann die Wirbelsäule so hoch wie möglich sowohl beinwärts als auch kopfwärts nach oben und strecken Sie den rechten Arm nach oben und den linken nach hinten oben und das linke Bein ebenfalls nach hinten oben. Wechseln Sie die Bewegungsrichtung von Armen und Beinen jeweils nach wenigen Atemzügen mehrmals im fließenden Wechsel.

Mit dieser Übung bemerken Sie verschiedene Spannungen, die im Rücken lokalisiert sind, und weiterhin spüren Sie die Seitenpartien nahe bei den Nieren. Diese Übung vereint durch ihr lebendiges Bewegungsspiel die untere mit der oberen Körperhälfte.

Nach dieser vorbereitenden, dynamischen Übung können Sie die Unterschenkel hochklappen, die Knie voneinander entfernen und die Knöchel mit den Händen ergreifen. Führen Sie aus einem wohlabgestimmten, bewusst vorgenommenen Impuls als Erstes die Beine nach oben in die Spannung und erheben Sie erst als Zweites den Oberkörper. Lassen Sie sich nicht vorschnell durch Schweregefühle oder Unbehagen aus dieser Position der Anspannung entmutigen. Führen Sie ausdauernd, konzentriert die Beine aus dem Rücken so weit nach oben, wie es Ihnen möglich ist, und achten Sie dennoch auf einen entspannten Nacken und einen einigermaßen gelösten Schultergürtel. Die Stellung kann von einer halben Minute bis sogar zwei Minuten eingehalten werden. Die Konzentration auf das Zentrum und auf die gezielte, wachsende Bewegung aus diesem heraus ist in der Übung angezeigt.

Die wiederholte Ausführung, verbunden mit dem Studieren des geistigen Bildes des Bogens, kann für labilere Menschen sehr heilsam wirken, da die Stoffwechselkräfte gestärkt und die Willensmöglichkeiten erweitert werden. Die zentrifugale Bewegungsdynamik wirkt einerseits entlastend, andererseits anregend auf das Herz-Kreislauf-System und gewährt im Nachhinein eine angenehme Regeneration.

Das Kamel
uṣṭrāsana

Das Bild und die Bedeutung der Übung

In dieser *āsana* rundet sich die Bewegung zu einer weit offenen Gestik des Rückwärtsbeugens. Das lebendige und ausgleitende Rückwärtsneigen wird durch eine große, kreisförmige Bewegung, die mit den Armen geformt wird, unterstützt. Erst zuletzt gelangen die Arme nach hinten, und die Hände berühren die Fersen, damit der Bewegung eine natürliche Ordnung und dem Körper eine geschlossene Form gegeben wird. Der Körper selbst aber bleibt in der Spannkraft, und die Wirbelsäule wird in der Rundung weiterhin erlebt.

Dieses gewagte Offensein, das in der Kamelhaltung empfunden wird, erfordert eine stabile und in allen Teilen bewegliche Wirbelsäule, die mit ihrem inneliegenden Nervensystem die Koordinationskraft besitzt, eine Weite nach außen und eine Ruhe nach innen zu kombinieren. So beschreibt diese Kamelstellung eine erste Form der religiösen Hingabe, denn Hingabe ist durch die Fähigkeit der Stabilität und gleichzeitig durch eine Weite der Offenheit gekennzeichnet. Die Übung ist ein Sinnbild für *kṣamā* oder für die Fähigkeit, das Bewusstsein als bewusstes Instrument des Wahrnehmens selbst ertragen zu können.

Die Wirbelsäule in ihrer fähigen Ausdehnungstendenz und dynamischen Geschmeidigkeit ist repräsentativ für die Entfaltungsprozesse der Persönlichkeit und für die bewusste, willentliche Nutzung der tatsächlichen menschlichen Möglichkeiten. Der Übende jedoch muss zunächst erst einmal sein Denken und auch sein Fühlen wie auch sein Handeln auf seelenvolle Weise durchdringen, damit er in einen geordneten Innen- wie auch in einen weit geöffneten Außenbezug kommt. Das Kamel beschreibt diese Fähigkeit des Bewusstseins selbst, die darin besteht, dass der Übende sich mit einer fließenden, ästhetischen Bewegung ungeschützt in den Raum hineingeben kann und sich selbst dennoch wieder in der stabilen Haltung einer geeigneten Form wiederentdeckt. Der große Kreis, den der Übende mit den ausholenden Armbewegungen vollzieht, ist ein Ausdruck für die

geschlossene Einheit des Erlebens von innen und außen, und dieser Kreis beschreibt weiterhin die Fähigkeit des Bewusstseins, sich selbst und die Außenwelt ertragen zu können. Je mehr sich der einzelne Mensch den seelischen Qualitäten des Lebens bewusst wird, um so mehr wird er in die hingebungsvolle Rückwärtsbeuge finden und die Fähigkeit zu *kṣamā*, zum Ertragen der sensiblen, offenen Weite gelangen. In diesem Bedeutungssinn liegen die Lernschritte, die zu dieser Übung beitragen.

Zur Ausführung

Beginnen Sie zunächst mit einer ganz anderen Ausgangsstellung. Diese Stellung heißt übersetzt *adhomukha trikoṇāsana*, sie ist die Dreiecksstellung mit dem Gesicht nach unten. (siehe Bild) Stemmen Sie etwa in einem Abstand von einem Meter zu den Händen die Füße kräftig auf den Boden, drücken Sie den Körper in das Dreieck nach oben hoch und stützen Sie sich mit dem Gewicht auf die Arme. In dieser Stellung sind Sie mit Ihrem Gesichtskreis eingeschränkt, Sie fühlen sich auch durch die spezielle gewählte Körperhaltung wie eingebunden in die eigene Körperlichkeit. Die Sinne sind nicht nach außen, sondern wie in einem Gefängnis in den eigenen bestehenden Raum gerichtet. Halten Sie diese Stellung bis zu einer Minute und wechseln Sie dann in den Kniestand über zur eigentlichen Position.

Beginnen Sie diese mit einer weit ausholenden Bewegung des linken Armes nach oben, der kreisförmig von vorne nach hinten die Weite der Ausdehnung motiviert. Die Wirbelsäule wird mit dieser Armbewegung aktiv gestreckt und gewölbt. Blicken Sie auch nach hinten und führen Sie die Hand Richtung Ferse. Die Knie sind während des Standes leicht geöffnet. Sodann gleitet auch der rechte Arm in einer weit ausladenden Bewegung kreisförmig von vorne nach hinten und ergreift die rechte Ferse. Zuletzt fällt der Kopf in den Nacken und die Wirbelsäule wird aktiv in allen Teilen durchgestreckt. Halten Sie die Stellung etwa eine halbe Minute bei freiem Atem und entspannen Sie sich in der Rückenlage nach der Ausführung.

Das Dreieck
trikoṇāsana

Das Bild und die Bedeutung der Übung

Wechselweise beugt sich der Übende im stabilen Dreiecksstand nach den Seiten und hält dabei eine freie Atembewegung aufrecht. Diese nach der Seite gerichteten, exakten Bewegungen dehnen die Flanken und führen zu einer Intensivierung des Gefühls der Weite über den Körper. Die gleichzeitige Ausdehnung der Bewegung nach der Seite ist mit einem wagnisreichen, freudig mutigen Gefühl, das nahezu wie in einer räumlichen Verlagerung erlebt wird, verbunden. Der Sinn dieser Stellung liegt einerseits in der natürlichen Aktivität, die mit der Bewegung verbunden ist, denn der Übende erlebt sich sicher im Stand, aktiv in der Mitte und entspannt in der oberen Nacken-, Schulter- und Kopfregion. Er erlebt sich tatsächlich in einer Dreiheit, die bezeichnend für die drei Ebenen von Körper, Seele und Geist ist. Weiterhin aber liegt auch eine Bedeutung in der Übung durch die zu leistende, ungewöhnliche Aktivität. Alle körperliche Regung, alle Beziehungsaufnahme, die im irdischen Dasein erfolgt, ist zunächst einmal eine Form der mutigen Extension, die noch frei von gut und böse ist. Die Aktivität ist naturgegeben, und das Bedürfnis nach Ausdehnung des Willens zu neuen Möglichkeiten bewirkt sogar Gesundheit. Findet eine wagnisvolle Aktivität unter der Wahrung der verschiedenen Ebenen, in denen sich das Leben bewegt, statt, das heißt unter der Wahrung einer geistigen, einer seelischen und einer irdischen Welt, so führt sie zu einer harmonischen Weite und Gesundheit wie auch zu einer Einordnung und Entspannung.

Die bewusste Empfindung der drei Ebenen, in denen sich das Leben bewegt, die rechte Erkenntnis zu diesen Ebenen und schließlich die aktive, naturgegebene Entwicklung eines Bewegungslebens, zeichnen das Bild dieser Stellung. Die Weite ist das Ergebnis eines fortschrittlichen, geordneten, aktiven Willenslebens. In diesem Sinne liegt der Bedeutungssinn dieser sehr wichtigen Stellung des Yoga. Die Weite und das Verständnis zur Weite beschreiben zudem das Wesen der Aktivität und die Eigenheit des *maṇipūra-cakra*.

Zur Ausführung

Nehmen Sie einen gleichseitigen, stabilen Dreiecksstand ein. Führen Sie den linken Arm am Kopf entlang nach oben und den rechten waagrecht nach außen. Beugen Sie sich schließlich exakt in der Ebene nach rechts und nehmen Sie den linken Arm gestreckt am Kopf mit in die Bewegung. Achten Sie während der gesamten Standposition und ausführenden Dynamik auf die Dreigliederung der verschiedenen körperlichen Regionen. Der Stand bleibt stabil. Die Dynamik ist genau im Bereich des Sonnengeflechtes, die Schultern und der Kopf bleiben so entspannt wie ein Blatt in den Lüften, auch die Arme setzen nur auf entspannte Weise die nur im Zentrum des Sonnengeflechtes bestehende Bewegungsdynamik fort. Kehren Sie etwa nach fünfzehn Sekunden der Ausführung zur Mitte zurück, werden Sie sich noch einmal der Dreigliederung im Körper bewusst und strecken Sie sich sodann mit umgedrehter Armhaltung auf die linke Seite.

Führen Sie diese Dreiecksstellung möglichst mehrere Male für kurze Zeit auf jeder Seite aus. Lassen Sie den Atem natürlich, weit und intensiv fließen.

Eine Variation zu der Dreiecksstellung erfolgt durch eine spezielle Drehung, *parivṛtta trikoṇāsana*. Wiederum ist das aktive Zentrum der Bewegung das Sonnengeflecht. Von Anfang an sollte diese Variation mit einem weiten, freien Körperempfinden getätigt werden. Führen Sie aus dem Dreiecksstand die rechte Hand neben das linke Bein zum Boden und den linken Arm vertikal nach oben. Der Kopf folgt dem Blick zu der nach oben gerichteten Hand. Der Körper ist um die eigene Achse gedreht und dennoch wird das Zentrum im Sonnengeflecht stabil empfunden und gehalten.

Bei dieser Stellung ist sowohl ein Dreieck durch die Beine gebildet als auch ein kleineres Dreieck durch die Armvariation noch zusätzlich neben dieses große gestellt. Eine Hand berührt den Boden der Erde und eine andere ragt dynamisch nach oben in die freie Raumesregion. Auf diese Weise ist der Oberkörper ausgespannt zwischen Erde und freier Atmosphäre. In der Mitte des Sonnengeflechtes wird jedoch die Dynamik stabil gehalten und das von Anfang an gebildete Dreieck mit den Beinen ruht gleichmäßig im Stand. Das gedrehte Dreieck, *parivṛtta trikoṇāsana*, bezeichnet auf der einen Seite Aktivität, auf der anderen Seite symbolisiert die zwischen Erde und freien Raum eingespannte Schulterregion die Weisheit des Geistes. Aus den vitalen Aktivitäten, die das Leben abverlangt, entsteht eine Ausdehnung der Persönlichkeit in die Raumesregionen des irdischen Daseins. Eine in Weisheit geordnete Ausdehnung dieser Verhältnisse, gepaart mit Erfahrungen des Bewusstseins, führt zur Synthese des Lebens. Weisheit, Gestaltungskraft und irdische Aktivität sollen sich einmal im Leben zu einer harmonischen Mitte vereinen. Das Bild von *parivṛtta trikoṇāsana* drückt nicht nur die aktive Ausdehnung zur Weite aus, sondern versinnbildlicht eine erste Synthese von Himmelskräften und irdischen Kräften und beschreibt daher ein erstes Ideal der geordneten Willensverhältnisse des Menschseins. Das gedrehte Dreieck ist deshalb ein Sinnbild für Weisheit und Handlungskraft zugleich.

Eine weitere, sehr empfehlenswerte Dreiecksvariation, die jedoch mit ihrer energetischen Wirkung auf das zweite *cakra* einwirkt und die Erfahrung der dynamisch geschlossenen und fließenden Bewegung offenbart, ist *pārśva trikoṇāsana*, das Flankendreieck. Diese Stellung ist etwas anspruchsvoller als die anderen, jedoch kann sie bereits von Anfängern praktiziert werden.

Der Übende entwickelt bei der Ausführung eine sehr intensive Willensdynamik in das seitlich hochgestemmte Bein. Durch diesen Effekt des Willens fließen die Energien vom dritten Zentrum abwärts in das zweite und erste Zentrum. In der Sammlung jedoch erfährt sich das *svādhiṣṭhāna-cakra*, da die Bewegung einen fließenden und zusammenwirkenden Charakter offenbart und der Oberkörper mit dem Unterkörper oder Beinen differenziert und doch integer miteinander verbunden erlebt wird. Der Oberkörper bleibt entspannt, in den Hüften und Lenden entwickelt sich eine bis in die Peripherie beider Beine ausfließende kraftvolle Dynamik. Die Hand wird dabei von oben nach unten geführt und berührt locker, ohne zu stützen, den Boden. Die Kraftumsetzung geschieht aus den Beinen.

Die Offenheit aus dem Hier und Jetzt
Loslösung und Neuanfang
Das *viśuddha-cakra*

So, wie der Kosmos in seiner Konstellation der Gestirne niemals auf exakte Weise eine Wiederholung gebiert, so ist auch das Bewusstsein, das in Wirklichkeit niemals eine bisher vergangene Situation auf exakte Weise wiederholt. Obwohl jeder Tag mit gleichen Zeitrhythmen und gleichen Stimmungen, die eventuell an die vergangenen Tage erinnern, beginnt, so sind bei genauer Betrachtung die Tage voneinander unterschiedlich, und die subjektiven Bewusstseinsstimmungen sind ebenfalls nie die gleichen wie die bisherigen. Eine wirkliche Wiederholung existiert in der rhythmisch aufeinanderwirkenden Bewusstseinstätigkeit nicht. Das Ähnliche ist doch wieder ein fein abgestimmtes Anderes, und das scheinbar Identische gebiert sich noch einmal neu in der immanenten Einzigartigkeit. In allen sich wiederholenden Zeitrhythmen offenbart sich eine unendliche, wandelnde und gebärende Schöpferkraft des ewigen, unaussprechlichen Geistes. Das Bewusstsein ist die werkschaffende Tätigkeit des immerwährenden Neuen, des Einzigartigen und Unvergleichbaren.

Mit der Entwicklung des *viśuddha-cakra*, des Zentrums an der Schilddrüse, lernt der Schüler die sensible Offenheit des Bewusstseins im Sinne eines fortwährenden, kreierenden Gedankenlebens aus neuen Urgründen kennen. Er praktiziert beispielsweise eine Übung, die er bereits mehrere Male ausgeführt hat. Durch diese wiederholende Praxis können einige Lernschritte, wie beispielsweise die Art der körperlichen Ausführung, auf natürliche und automatische Weise vollzogen werden. Im Bewusstsein jedoch löst er sich von den bisherigen Erfahrungen und Eindrücken los, um die Übung auf ganz neue Weise zu erleben und im sensiblen Augenblick des Hier und Jetzt innezuhalten. Durch diese Loslösung von den alten Erfahrungen, die das Bewusstsein besetzen und es an die Vergangenheit heften, entsteht eine Lernanforderung, die eine zunehmende Wachheit, Sensibilität und Bewusstseinsruhe voraussetzen. Nur in der Ruhe und in der Beobachtung können die alten Erfahrungen zur Zurückweisung gelangen und den neuen, kommenden Eindrücken einen Raum geben. Der

Übende lernt hier, auf dieser Stufe, die wache und freie Ruhe des Bewusstseins kennen. In der sensiblen Offenheit atmet ein freies Kräftespiel des Gedankenlebens.

Normalerweise denken wir mit einer gewissen Anspannung willentlich aus dem uns mitgegebenen Vermögen. Wir denken weniger aus dem Beobachtungsvermögen und aus den Wahrnehmungen des Bewusstseins selbst. Der Atem ist dadurch in einer ganz feinen Bindung an die Seelenkräfte des Denkens, Fühlens und Willens ausgerichtet, und er fließt deshalb wesenhaft gebunden. Wenn jedoch die sensible Offenheit, Wachheit und Beobachtungsgabe aus dem Bewusstsein selbst zur Entfaltung gelangt, kann der Übende schließlich seinen Atem freier fließen lassen und das Gedankenleben als eine erste Bewusstseinsaktivität der geistigen Dimension des Daseins erkennen. Wir denken nicht aus dem Willen noch aus gewissen Überlagerungen der Gefühle, sondern wir denken in Wirklichkeit aus dem Gedanken selbst. Je freier der Atemfluss wird und je gelöster die Körperbewegungen auf dieser freien Atemgrundlage ausgeführt werden können, um so freier gebiert sich schließlich die Möglichkeit der Bewusstseinsaktivität. Diese Bewusstseinsaktivität gilt es, auf dieser Stufe des Übungsweges zu erschauen und zu trainieren.

Ein weiterer Lernschritt besteht in der Unterscheidungsbildung zum wesenhaften Ausdruck der Übungen. Die Übungen sollten im idealeren Falle ein freieres, leichteres, reineres Bewusstsein gegenüber den fixierten Energien des Körpers offenbaren. Gleich, ob es schwerere oder leichtere Darstellungen von Körperübungen sind, sie sollten im Ausdruck der Gliedmaßen, in der Bewegung der Aufrichtekraft der Wirbelsäule und in der Form der Hingabe und Hinwendung ein klares Licht der Gelöstheit und Reinheit beschreiben. Mit einigem Training auf diesem Weg lernt der Übende bei sich selbst die gebundenere, fixiertere Art des Übens im Vergleich zu einer freieren Ausrichtung kennen, und schließlich lernt er auf dieser Grundlage die verschiedenen Bilder des Übungsweges deuten. Gewissermaßen sieht er dann, natürlich erst nach einigem Training, die feinere Grundstimmung der Übung. Er nimmt langsam erste Eindrücke über die Ausstrahlung und über die Aura einer Persönlichkeit wahr.

Die Yoga-Geste
yoga-mudrā

Das Bild und die Bedeutung der Übung

Diese Übung, die an eine devotionale Verneigung erinnert, soll das wahre Wesen der Selbstaufgabe verdeutlichen. Was ist eine wahre Selbstaufgabe und die damit verbundene Devotion? Ist sie eine Form der Unterwürfigkeit, des geschickten Sich-unterordnen-Könnens, des leidenden Ertragenkönnens und des träumenden Passivseins, oder ist es eine innere, würdevolle Haltung, die auf Erkenntnissen, Einsichten und reiflichen Erfahrungen beruht? Gibt der Übende auf dem Wege sein ganzes Selbst her, ohne Differenzierung der Ansicht, oder bewahrt er sich ein inneres Ehrgefühl oder entwickelt er ein größeres Selbst im Sinne einer Überwindung niederer Charaktereigenschaften? Wo liegt die wahre Differenzierung und die vortreffliche Art der Selbsthingabe?

Das *yoga-mudrā* ist eine Geste der aktiven, ehrerhaltenden Selbsthingabe, die im Gegensatz zu einem passiven, träumenden Fallenlassen und passiven, verständnislosen Gewährenlassen steht. Das Bewusstsein richtet sich zu einem tatsächlichen Ideal, zu einem größeren, erstrebenswerten Thema des Lebens aus und gibt dabei alle Abhängigkeiten, Neigungen und Verhaftungen, die an den Körper gebunden sind, auf. Das Bewusstsein ist deshalb hochaktiv, es wird niemals aufgegeben, während aber alle Kräfte, die an den Körper gebunden sind, losgelassen, dem größeren Gefühl untergeordnet werden. Mit dieser Unterscheidungsbildung trägt das *yoga-mudrā* zu einer ersten differenzierenden Erfahrung über das Gesetz des Bewusstseins, das ein Gesetz des inneren Regsamseins ist, bei. Das *yoga-mudrā* beschreibt einen Prozess des körperlichen Loslösens und des zartsinnigen Neugründens im Aktivsein der Bewusstseinskräfte. In dieser Unterscheidungsbildung von einem Körper, der hingegeben wird, und einem Bewusstsein, das zartsensibel wacher wird von einer Welt der Gebundenheit und einer frei verfügbaren Aktivität, liegt die Bedeutung dieser Übung.

Zur Ausführung

Mit der Geste des *yoga-mudrā* führen Sie den Körper in eine intensivst geschlossene Form der Verneigung, die an ein vollständiges Loslassen des Willens erinnert, gleichsam wie wenn der Körper sich mit der Erde, regungslos, zeitlos, unberührbar, wie tot, versöhnt. Wie eine Ankunft an der Todespforte, bei der der Körper zurückbleibt und das Bewusstsein sich nunmehr frei, siegreich über die Erde ausdehnen kann, gebiert sich die Übung.

Nehmen Sie eine Position im Schneidersitz, im halben Lotussitz oder, wenn möglich, im ganzen Lotussitz ein. Führen Sie die Arme gestreckt über den Kopf und die Handflächen aneinander. Halten Sie inne, werden Sie ganz ruhig und lassen Sie den Atem frei fließen. Werden Sie sich selbst in dieser Haltung bewusst.

Neigen Sie ohne größere Anstrengung und Anspannung den Körper nach vorne, bis der Kopf und die Arme auf entspannte und gestreckte Weise den Boden berühren. Der gesamte Oberkörper, Arme und Kopf sollten so gelöst wie möglich in der Verneigung ruhen. Nur der Atem bleibt im freien Fließen. Die Kontemplation in dieser Übung sollte sich so weit steigern, bis eine Empfindung der Gelöstheit eintritt, die zu beschreiben ist, wie wenn der Körper tot wäre. Das Bewusstsein bleibt jedoch sensibel, wachsam, überschauend.

Richten Sie nach etwa zwanzig Sekunden den Körper wieder nach oben auf in die Sitzhaltung und bleiben Sie sich in der Gegenwart bewusst. Wiederholen Sie die Übung einige Male.

Im Gegensatz zur sehr aktiven Spannungsübung der Kopf-Knie-Stellung, in der ein Grenzüberschreiten in der Ausdehnung erzielt wird, wird im *yoga-mudrā*, in der Geste der Verneigung, mehr die sensible Wachheit des Bewusstseins betont, die über den Körper kontemplativ schauend wirkt und dabei den Körper in eine vollständige, gelöste Entspannung sinken lässt.

Der Fisch
matsyāsana

Das Bild und die Bedeutung der Übung

Diese sehr wichtige Grundstellung des Yoga, die von allen Altersstufen ausgeführt werden kann, entwickelt ihren inneren Sinn durch die besondere und sorgfältig geführte Spannungsverteilung, in die sich die Körperlage einfügt. Der Kopf fällt nach hinten zurück, die Brustwirbelsäule hebt sich in die weiteste Durchstreckung und die Hüfte mit den Beinen ruht am Boden. Die Brustwirbelsäule ist das Mittel- oder Bindeglied zwischen den unteren, stoffwechselaktiven Regionen und den oberen Nerven-Sinnes-Regionen des Körpers. Mit dem Heben der Brustwirbelsäule hebt sich ebenfalls das Lungenorgan nach oben hoch. Es hebt sich gewissermaßen heraus aus der natürlichen Lage des Körpers. Wenn das Lungenorgan zu tief in den Körper eingesunken ist, eine Art psychologischer Umstand, der heute bei ganz vielen Personen der Fall ist, entsteht eine Melancholie und Traurigkeit, eine Art Hoffnungslosigkeit. Befreien sich jedoch die Gefühle aus den Einschnürungen und erhebt sich das Lungenorgan, so wird das Leben zu dem, was es tatsächlich im Sinne der Möglichkeiten und Aufgaben darstellt: Hoffnung, Zuversicht und Freude in der Teilhabe an der Welt.

Das Bewusstsein kann mit einem Torbogen verglichen werden, der bildhaft eine Durchgangsstelle des Wechsels von einem Raum und Zustand in den anderen markiert. Wenn das Bewusstsein selbst zu einer Ordnung bei sich im Innenraum fähig wird und das Vergangene zum Vergangenen ordnet, das Zukünftige zum Zukünftigen und das Hier und Jetzt erleben lernt, dann lässt sich mit jedem Tag jener sensible imaginative Torbogen des Lebens und der Lebenshoffnung empfinden. Immerfort geht der innere Mensch durch ein Tor der neuen Wahrnehmungen, der neuen Einflüsse, der neuen Strahlungen des Kosmos, des neuen Lichtes der Welt. Der Fisch beschreibt in diesem Sinne, ähnlich wie das imaginative Tor, die Hoffnung eines geordneten, sich immer in der Gegenwart erfahrbaren Bewusstseinslebens. Nicht zu rasend, zu schnell tritt der Einzelne in die Zukunft, und das bedeutet im übertragenen Sinne, er rennt nicht durch das gegebene imaginative Tor, sondern verbleibt in der Gegenwart des Neuen.

Nicht ein physiologischer Rückzug, noch nervöse Hast kennzeichnen die harmonisch, aktiv gewählten Bewegungen des Bewusstseins. Der Fisch beschreibt eine geordnete und sensitive Bewusstheit, eine Art exakte, wohlabgestimmte, nach vorne gerichtete Bewusstseinsaktivität der vernünftigen und zugleich hoffnungsvollen Gedankenaktivität.

Zur Ausführung

Mit der Ausführung von *matsyāsana* begeben Sie sich in eine Bewusstseinshaltung der exakten Spannungsverteilung und gleichzeitigen sensitiven Offenheit für das Licht des noch unbekannten und bevorstehenden Zukünftigen. Legen Sie sich in die Rückenlage und bringen Sie die Arme unter den Körper, die Handflächen am Boden aufliegend, unter das Gesäß. Stützen Sie sich auf die Ellbogen hoch und richten Sie die Brustwirbelsäule so weit wie möglich nach oben. Der Kopf gleitet sodann entspannt zurück in den Nacken, und der Scheitel berührt mit dem Eigengewicht des Kopfes den Boden. Weit sind die Schlüsselbeine nach oben gestreckt. Die Atmung fließt in den Brustkorb und bleibt frei, leicht und sensibel.

Halten Sie die Stellung mit exakter Spannungsverteilung etwa bis zu einer knappen Minute. Bleiben Sie sich dabei des Körpers in allen Gliedern bewusst. Sie können lebendig die Abschnitte des Bauchraumes, des Brustkorbes und schließlich des Kopfes in ihrer Analogie und Bedeutung erleben und ein Gefühl zulassen, dass im Lichte des Kosmos das Zukünftige wartet.

Eine fortgeschrittene Variation, bei der die Stellung geschlossener und zentrierter erlebt wird, ist der Fisch im Lotus. In dieser klassischen *āsana* fällt noch mehr die Betonung auf die Durchstreckung der Brustwirbelsäule und auf das Hochheben, ja, Herausheben des Brustkorbes, da sich der Körper nicht so sehr mit den Gliedmaßen in den Raum verliert, sondern sich dynamisch auf einen Mittelpunkt ausrichtet. Die Anstrengung in der Durchstreckung der Brustwirbelsäule zeigt bildhaft und erlebensnah, wie es eine Mühe abverlangt, nicht in die alten Behäbigkeiten und Gewohnheiten zu fallen, sondern das Denken zu neuen Perspektiven auszurichten. Der Fisch ist die gesundheitsfördernde, progressive Stellung.

Der Halbmond
āñjaneyāsana

Zur Ausführung

Hinwendung, Nähe, wie die vornehme ritterliche Hofgeste, und eine feine im Äther aufströmende, runde Dynamik vereinen sich in der Übung zu einem geschlossenen Bild. Richten Sie das rechte Bein nach vorne und das linke weit zurück. Verlagern Sie das Gewicht auf das vordere Bein, die Ferse bleibt jedoch am Boden. Entspannen Sie die Schultern und die Arme und sinken Sie zunehmend weiter in den Stand ein. Wie eine Schale, die sich aufnahmefähig nach oben öffnet, so sollten Sie sich in dieser Ausgangslage empfinden. Erst nach mindestens einer halben Minute der Vorbereitung in diesem Stand können die Hände aneinander gelegt werden und die Arme über den Kopf nach oben gleiten. Die Brustwirbelsäule dehnt sich dabei in den Halbmond zurück.

Die Durchstreckung der Wirbelsäule sollte während der Ausführung nicht im unteren Rücken gespürt werden, die getätigte Anspannung fließt in die verschiedenen Abschnitte der Brustwirbelsäule, die sich Wirbel für Wirbel löst. Dies geschieht um so leichter, wenn der Oberkörper während der Ausführung ganz entspannt bleibt.

Sie können mit zunehmender Übung die Brustwirbelsäule weiter in die Durchstreckung führen. Der Atem sollte jedoch frei bleiben, und die Stellung sollte sich nicht verspannen. Halten Sie etwa diese Übung bis zu einer halben Minute und wechseln Sie dann auf die andere Seite.

Achten Sie auch bei der Ausführung der Übung auf den Zusammenhang vom dritten zum fünften Energiezentrum. Auf angenehme Weise verbinden sich diese beiden Zentren durch die exakte, wohlabgestimmte und sensibel wahrnehmbare Hinwendung. Der Halbmond ist eine sensible Bewegung, die weniger durch die Kraft, sondern durch eine wohlabgestimmte, behutsame, kontemplative und gelöste Differenzierung des Spannungsaufbaues entsteht.

Das Bild und die Bedeutung der Übung

Der Halbmond ist das Sinnbild für das Bewusstsein, das aus Licht gewoben ist und im Lichte tätig ist. Tatsächlich bemerkt der Übende bei der Ausführung, wie es durch die Aufmerksamkeit um ihn herum unmerklich heller wird.

Diese hervorragende Stellung beschreibt die beiden Bewegungsrichtungen, die das Bewusstsein oder, mit dem Fachbegriff, der Astralleib, einnimmt. Diese beiden Bewegungen sind einerseits zur Weite und Offenheit in die Welt und in den kosmischen Raum und andererseits zur Erde und Integration in die Erde gerichtet. Diese beiden Bewegungsrichtungen drücken sich in der Übung aus. Der Astralleib sucht immerfort eine Ausdehnung, er ist gleichsam wie das Licht des Kosmos, das sowohl zur Erde als auch zu den Weltenräumen ausstrahlend und sehnsüchtig nach empfindsamer Berührung tätig ist.

Der Übende sinkt im Beinstand weich und weit nach vorne, so dass seine Hüfte möglichst tief in Bodennähe gelangt. Dies ist die erste Form der Bewegung, die eine einfühlsame Annäherung des menschlichen Wesens zum Boden dieser Erde darstellt. Die andere Bewegung wird mit dem Rücken und mit den aufsteigenden Armen, die sich in den Halbmond, *ardha candra*, bewegen, das ist die kosmische, ausgleitende Aktivleistung, geformt.

Der Übende spürt den Zusammenhang von Entspannung, Einsinken in den Stand, in die Nähe zur Erde und der möglichen Durchstreckung der Wirbelsäule in die Offenheit zum Kosmos. Die Bewegungsrichtungen sind tatsächlich voneinander abhängig, der Weg zu der Erde, der Weg in das Licht des Kosmos. Je weiter das Einsinken in den Stand gelingt, um so leichter lässt sich die Brustwirbelsäule durchstrecken und in die Offenheit führen. In der Erkenntnis dieser beiden Bewegungsrichtungen und in der Entwicklung einer Erfahrung des Hingegebenseins an die inneren, verborgenen, profunden Ziele, die das Bewusstsein finden möchte, liegt der Sinn dieser sehr wichtigen *āsana*.

Die gewinkelte Kopf-Knie-Stellung
eka pāda padma paścimottānāsana

Das Bild und die Bedeutung der Übung

Eine Entwicklung zur Spiritualität und zu wahrem Fortschritt ist zufriedenstellend für einen Erwachsenen gegeben, wenn er in Unabhängigkeit, aus freien Entschlüssen, selbst getätigter Hinwendung und bewusst gewählter Motivation die Lern- und Erfahrungsschritte absolviert. Die unabhängige Hinwendung und Bewusstseinstätigkeit bedarf es aber in der Regel erst zu erlernen, da den Menschen viele unbewusste vitale Strukturen, psychologische Muster und angelernte, passiv erworbene Glaubensvorstellungen prägen.

In jungen Jahren sind die Fragen nach dieser aktiv bewussten und organisierten Bewusstseinstätigkeit nicht nötig, da eine Aktivität leicht durch den impulsiven Willen auszuführen ist. In älteren Jahren jedoch ist der Körper nicht mehr so flexibel, und eine Aktivität erfordert Behutsamkeit, Kontrolle und Vorsicht. Diese Übung ist vorwiegend durch das fünfte Energiezentrum, *viśuddha-cakra*, geleitet, während die Kopf-Knie-Stellung in ihrer klassischen Ausführung mehr durch die Impulskraft und grenzüberschreitende Dynamik des dritten Zentrums motiviert ist. Mit dieser Übung erleben Sie den Unterschied vom fünften zum dritten Zentrum. Die Entwicklung von freier Motivation, Sorgfalt, Kontrolle und aufbauender Konzentration gegenüber dem Körper stellen die Lernschritte dieser Übung dar. Zuerst gewinnt das Bewusstsein eine ordnende Übersicht, um dann im Nachhinein zu einer differenzierten Willensaktivität zu gelangen. Die Übung stellt die aus der gegenwärtigen Wahrnehmung gewonnene Empfindung höher als die unbewusste, im Leib verankerte Willensaktivität.

Würde der Übende nur mit impulsiver, fast instinktiver Willenskraft in diese Übung hineingehen, so würde er die Übung nicht kennen lernen und er müsste seine eigenen Motive nicht reinigen. Indem er aber auf behutsame Weise in eine wachsame, sensible Übersicht mit klarer Gedankenkontrolle eingeht, bemerkt er, wie langsam das Bewusstsein mit seiner

Führung eine Art neue Körperempfindung über den Körper entwickelt und dadurch reinigend wirkt. Die Ordnung mit ihrer geführten Gedankenaktivität und bewusst gewählten Sorgfalt jedoch steht vor der gefühlshaften, unbewussten Willensaktivität. Dieses eigenständige, gewählte, sorgfältig getätigte Bewusstsein in wacher Gegenwart, das dann reinigend auf die bisherigen Gefühle des Körpers wirkt, kennzeichnet eine Wirkung des fünften Zentrums.

Zur Ausführung

Winkeln Sie den rechten Fuß in die Leistenbeuge und ergreifen Sie ihn über den Rücken mit der rechten Hand. Halten Sie inne und beugen Sie den Körper in zunehmender Streckung nach vorne über das linke Bein hinaus. Lassen Sie sich für diese Ausführung mindestens zwei Minuten Zeit und wechseln Sie dann auf die andere Seite.

Falls es Ihnen nicht möglich ist, den Fuß über den Rücken zu greifen, so können Sie die Hand einfach in die Taille legen und den Fuß auf die Innenseite des Oberschenkels einbiegen. Die Ausführung ist dann erleichtert.

Eine weitere, empfehlenswerte Variation zu dieser Stellung entsteht, wenn Sie aus der Endstellung in die Drehung der Wirbelsäule gehen. Bei dieser *āsana* fließen die Impulse schließlich in das nächst höhere Energiezentrum, in das *ājñā-cakra*.

Eine andere Variation, bei der der Zusammenhang zum zweiten Zentrum erfahrbar wird, ist die Streckung unmittelbar in der Mitte der Beine auf den Boden, *supta padma paścimottānāsana*.

Die Entwicklung von Vertrauen, Empfindungskraft und innerem Bildevermögen
Das *svādhiṣṭhāna-cakra*

Das *svādhiṣṭhāna*-Zentrum, das unterhalb der Nabelregion lokalisiert ist, steht mit der Stabilität des Immunsystems nahe in Verbindung. Es wird auch symbolisch mit dem Wasserelement gleichgesetzt, da das Wasser eine fließende Bewegung, die vermittelnd und koordinierend tätig ist, darstellt. Ist dieses Zentrum gut entwickelt, so lässt dies ein vegetatives Gleichgewicht und eine Stabilität in dem Zusammenwirken der Organfunktionen annehmen.

Die Lernschritte, die der Schüler hier auf dieser Ebene mit den Übungen entwickelt, sind zusammengefasst mit den Worten: Vertrauen in eine Sache, Glauben an die Richtigkeit einer Sache und schließlich die Kraft der Ruhe zu Wagnissen aufzubringen, sich selbst einer noch unbekannten Dimension hinzugeben. Der Schüler lernt nun durch gezielt getätigte und wiederholt ausgeprägte Einfühlung, ein Vertrauen und eine stärkere Empfindungskraft für eine Sache zu entwickeln. Er gibt sich den Übungen hin und lässt sich mit wiederholten Empfindungen auf sie ein, bis er sie im nahen Erleben lebendig und vertrauensvoll nachvollziehen kann. Hierzu muss er das Wagnis eingehen, von sich selbst und seiner Empfindung im Leibe Abstand zu nehmen und sich in die Welt einer anderen Gefühlsrichtung hineinzuversetzen. Er lernt, in dem Wesenskern des anderen, der anderen Sache oder der unbekannten Welt zu leben. Die Bildekraft des Empfindungslebens wird dadurch bereichert, und es entsteht mit dieser regsamen Tätigkeit ein besseres Koordinationsvermögen der vegetativen Ströme. Ein Schüler, der diese Lernschritte gut bewältigt, wird in seinem autonomen Nervensystem stabiler, und seine Organe wirken günstiger im Sinne eines Gleichgewichtes zusammen.

Diese Entwicklung von Vertrauen in eine Sache, in eine Angelegenheit, in eine Vorstellung, in ein Wort oder in eine moralische Idee genügt in der Regel für die Anfangsschritte einer geistigen Schulung, denn noch sind es mehr Vorbereitungsschritte, die das gesamte Gefühls- und Bewusstseinserleben auf eine höhere Stufe vorbereiten. Wenn viele Menschen auf diese Weise die Yogaaktivität pflegen, erleben sie nach dem Tod eine freudige Kraft, ein Aufgenommensein und ein Miteinander im lichten Kosmos. Die vertrauensvolle Hinwendung zu diesen Inhalten dieses seelisch erfüllten Yoga schenkt den Lohn im Nachtodlichen, jenes gesteigerten Kraftempfindens und lichten Gemeinschaftsfühlens. Wer das Vertrauen im irdischen Dasein als Wesenseigenschaft und Charaktermerkmal ausprägt, erhält im nachtodlichen Seelendasein die Fülle des Fühlens einer Geborgenheit des Miteinanders und eine Kraft der Seligkeit des Verbundenseins.

Für fortgeschrittene Geistschüler, die das *svādhiṣṭhāna-cakra* entwickeln und einen umfassenden Individuationspfad der Synthese von Geist und Welt begehen, stellt sich die Anforderung, den sogenannten Ätherleib, denn das *svādhiṣṭhāna-cakra* bildet den Kraftpol für den Ätherleib, zu transformieren und ihn für die Zukunft unabhängig vom Leib beweglich zu erhalten. Diese Anforderung ist sehr groß, sie stellt eine umfassende Disziplin der Konzentrationsarbeit dar und erfordert eine ausdauernde Kontrolle von allen Gedanken und Gefühlen. Der Schüler muss neben einem Vertrauen in moralische Ideale und einer Hinwendung zu diesen, diese Ideale aus sich heraus erzeugen, sie vertreten, sie realisieren, sie als seine Lebenssubstanz ausgestalten. Für diese Meisterschaft ist jedoch jahrelange Übung erforderlich. Deshalb werden die Gedanken hierzu nur skizzenhaft angedeutet.

Die stehende Kopf-Knie-Stellung
uttānāsana

Das Bild und die Bedeutung der Übung

Während in der klassischen Kopf-Knie-Stellung der Übende mit einer intensiven Bewegung immer näher in eine geschlossene Form hineinarbeitet und das Erleben von einem In-die-Materie-Hineingehen findet, so beschreibt nun die stehende Kopf-Knie-Stellung das Erleben wie ein Aus-sich-selbst-Herausgehen. Während der Ausführung dieser Stellung gleiten die Arme weit nach vorne hinaus.

Das energetisch angesprochene Zentrum dieser Stellung ist tiefer als das *maṇipūra-cakra*, es ist im *svādhiṣṭhāna-cakra* im unteren Bauchraum. Durch die starke Kontraktion in diesem Zentrum erlebt der Übende das Hinausgleiten der Arme als befreiend und als einen Schritt aus sich selbst heraus, gleichsam wie wenn durch die ausgleitende, nach vorne fließende Bewegung eine Empfindungsschwelle durchschritten und eine neue Erlebenstiefe ergriffen werden könnte.

Nachdem aber der Übende weit über sich hinausgewachsen ist, kehrt er doch ganz zu sich selbst, in sein eigenes Zentrum ein und er hebt zur Steigerung der Intensität ein Bein nach rückwärts hoch, *pradigamana eka padāsana*. Diese Endstellung, die aus der beginnenden stehenden Kopf-Knie-Stellung, *uttānāsana*, geformt ist, beschreibt das Hineingehen ganz in die Empfindungswelt des Inneren. Die Aktivität ist recht kraftvoll, konzentriert und geschlossen, in der Körpermitte beziehungsweise in der Mitte des Stoffwechsels energetisch geballt, dort, wo das *svādhiṣṭhāna*-Zentrum lokalisiert ist. Gleichzeitig gleiten die Beine weit auseinander als Zeichen, dass das persönliche Leben niemals abgeschlossen ist, sondern in der Monade der Welten zwischen oben und unten ausgespannt bleibt. Tief jedoch geht der Übende in sich selbst, in das Zentrum seines eigenen, empfindbaren Willens hinein. Zuerst erlebt er das Wesen des Aus-sich-selbst-Herausgehens, dann erlebt er das Wesen des tiefen Hineingehens in seine eigene, innere Stoffwechselwelt. Während der Ausführung jedoch bleibt er immer Beobachter dieser Erfahrungen.

Zur Ausführung

Beginnen Sie erst mit einer einfachen Bewegung, die sich leicht im freien Atem erleben lässt und die zur gelösten, fast anstrengungslosen Ausdehnung und Durchstreckung der Wirbelsäule führt. Diese Übung ist der Halbmondstand im Stehen, *candrāsana*, der ein leichtes, natürliches Körpergefühl vermittelt.

Nachdem der Atem freier im Fließen geworden ist, können Sie die Bewegung erst ganz entspannen und dann von oben nach unten umlenken. Strecken Sie sich weit nach vorne hinaus und drücken Sie den Bauch Richtung Oberschenkel. Die Wirbelsäule sollte dynamisch nach vorne gleiten und sich gleichzeitig im unteren Teil kontrahieren. Entspannen Sie den Nacken und lassen Sie die Bewegung mit Leichtigkeit und gleichzeitiger Intensität der Dynamik geschehen. Atmen Sie hierzu frei. Dies ist das Bewegungsmoment des seelischen Empfindens des Aus-sich-selbst-Herausgehens.

Führen Sie dann im zweiten Teil der Übung, in *pradigamana eka padāsana*, die Hände neben die Füße, fassen Sie mit der linken Hand den linken Knöchel und richten Sie das rechte Bein weit nach hinten hoch. Dieses Bein gleitet um so dynamischer nach oben, je mehr Sie das Zentrum in der Mitte des Bauchraumes finden und die Muskulatur dort aktiv kontrahieren können. Halten Sie etwa diese Bewegung bis zu zwanzig Sekunden und wechseln Sie dann zur anderen Seite.

Entspannen Sie sich nach dieser anstrengenden Übung für wenige Minuten in der Entspannungslage. Wenn Sie der Übung in der Entspannungslage nachspüren und das Bild des Körpers auf sich wirken lassen, so bemerken Sie das Wechselspiel des Erlebens zwischen Aus-sich-Herausgehen und Tiefer-in-den-Willen-Eingehen. Die Beine stellen dabei sinnbildlich die ewige Monade, das heißt, die Unendlichkeit der geistigen Kräfte der Welten dar.

Bei den Erlebensformen »Aus-sich-Herausgehen« oder »In-sich-Hineingehen« handelt es sich um reine seelische Empfindungen, bei denen der Körper das Instrument zur Erfahrung bildet. In beiden Erlebensformen wird auf intensive Weise der Wille angespornt und ein aktiver Einsatz vollzogen. Der Körper ist wie ein Instrument, auf dem die Musik der seelischen Erlebnisse gespielt wird.

Die Heuschrecke
śalabhāsana

Das Bild und die Bedeutung der Übung

Die Heuschrecke ist durch das sechste Energiezentrum gekennzeichnet, jedoch liegt der Bewegungsansatz der Kraftformung im zweiten Energiezentrum. Deshalb wird sie hier an dieser Stelle beschrieben. In diesem zweiten Energiezentrum liegt der Sitz des Lebensleibes oder Ätherleibes. Es ist dort das vitale Zentrum aller Kräftewirkungen, die aus einem früheren Leben und aus der bisher geformten Vergangenheit angesammelt sind. Indem der Übende nun mit einem kräftigen Einsatz, der eine außergewöhnliche Anstrengung einfordert, ein Bein oder auch beide Beine zugleich hochhebt, muss er sich gewissermaßen in einer Art Unabhängigkeit gegenüber seiner eigenen Körperlichkeit bewegen. Dieser außerordentlich dynamische und im Zusammenwirken der Arme, Schultern und des Rückens getätigte kräftige Einsatz (siehe Bild) wirkt naturgegeben stärkend auf das Willensleben und gleichzeitig aber führt er zu einer feinen Empfindung der Unabhängigkeit. Noch nicht will der Übende die Geschehnisse aus einem vergangenen Leben kennen lernen, denn das würde eine viel differenziertere Bewusstseinsarbeit voraussetzen. Er will nur einmal dieses vergangene Leben in seiner ganzen Schwere durch die Leibgestalt erfühlen und entgegen dieser Schwere einen kräftigen Einsatz leisten, um den Körper herauszuheben. Die Bedeutung dieser Stellung liegt in der Entwicklung dieser ersten, elementaren Unabhängigkeit. Die Unabhängigkeit ist ein Zeichen der Heuschrecke.

Unabhängigkeit bedeutet deshalb ein Freisein gegenüber den Eindrücken, die aus dem vergangenen Leben kommen. Das vergangene Leben soll mit seiner Schwere nicht das Bewusstsein überladen, sondern das Bewusstsein aus dem sechsten Zentrum soll das vergangene Leben zumindest in einer allgemeinen Summe überschauen. Dazu aber enthebt es der Übende einmal aus seiner gesamten Eingebundenheit, indem er die Beine und die Hüften entgegen der Schwerkraft hochführt. Hierin liegt eine erste Bedeutung zur Entwicklung der Unabhängigkeit. Die Entwicklung aber einer größeren, wirklich wahren und umfassenden Unabhängigkeit

kann dann nur in einer weiteren Ausprägung geistiger Erkenntnisse und Erfahrungen liegen. Die Übung selbst aber eröffnet einen ersten Bedeutungssinn über das Wesen der Unabhängigkeit.

Zur Ausführung

Legen Sie sich in die Bauchlage, verschränken Sie die Finger ineinander und geben Sie die Arme gestreckt unter den Körper. Führen Sie zur halben Heuschrecke, *ardha śalabhāsana*, das rechte Bein gestreckt nach oben und verharren Sie bewusst für etwa fünfzehn Sekunden in dieser Bewegung. Die Hüften sollten nicht kippen. Lassen Sie die Beine ganz bewusst gestreckt und wechseln Sie dann zur anderen Seite.

Für die Ausführung der ganzen Heuschrecke werden mit einem kräftigen Einsatz beide Beine hochgeführt. Der Atem bleibt hierfür frei. Benutzen Sie keinesfalls den Atem im Anhalten, um hochzukommen, es ist sogar günstig, wenn Sie während der Ausatemphase die Beine mit einem kräftigen Zug nach oben hochführen. Indem Sie den Atem nicht für die Steigerung der Kraft einsetzen, bleibt auch das Erleben gegenüber dem Körper freier. Halten Sie in der Endphase die Übung für zehn bis zwanzig Sekunden und kehren Sie dann in eine Entspannungslage zurück.

Für die vollständige Heuschrecke, *pūrṇa śalabhāsana*, ist es notwendig, einen hochflexiblen Rücken zu besitzen. In allen Teilen muss hierfür die Wirbelsäule beweglich sein. Ist dies der Fall, so können Sie an den Versuch herantreten und die Beine ganz nach oben hochführen. In dieser Geste drückt sich ein Bild der erhabenen, großen Kraft der Unabhängigkeit aus. Die ganze untere Körperregion mitsamt dem Bauchraum ruht leicht und schwebend über dem Oberkörper.

Die weite Dehnung
koṇāsana

Das Bild und die Bedeutung der Übung

Bei dieser Übung sind die Beine in einem hohen Einsatz, während der Oberkörper von einer Leichtigkeit und Entspannung getragen ist. Nicht durch einen kraftvollen Einsatz aus dem Rücken, sondern aus einem geschmeidigen Zusammenwirken der Gliedmaßen mit den untersten Rückenabschnitten entwickelt sich die anmutige, weite Ausdehnung des Körpers. Die Bedeutung liegt in der Entwicklung eines Vertrauens zu den Gliedmaßen, die im Wesentlichen bei dieser Übung zur Kraftumsetzung beitragen. Das Vertrauen muss auch dahingehend gefunden werden, dass eine Loslösung vom Verstande, von intellektualistischen Beharrungsformen eintreten kann. Wenn der Körper auf richtige Weise zusammenwirkt, so entsteht eine angenehme Empfindung der Koordination und Geschlossenheit. In diesem Sinne entwickelt der Übende eine natürliche, empfindsame Vertrauensbasis zu seinen eigenen Gliedmaßen, er entwickelt auch eine günstigere Kräfteverteilung. Dadurch lernt er sich einfühlsam zu koordinieren. Die Bedeutung der Übung liegt in der empfindsamen Koordination. Das Bild der Übung sollte mit der Zeit auf das Leben übertragen werden.

Im Leben sollte der Übende ein Vertrauen in wahre Empfindungen, die subtil und inniglich verborgen in allen Teilen des Lebens ruhen, entwickeln. Diese Empfindungs- und Vertrauensentwicklung gibt dem Leben Halt und Geschlossenheit, denn sie strömt mehr aus den inneren, wahreren Tiefen der Seele hervor.

Zur Ausführung

Richten Sie die Beine in der Sitzhaltung so weit wie möglich in die Grätschenform. Heben Sie den Oberkörper nach oben hoch. Die Arme sind über dem Kopf. Koordinieren Sie zunächst einmal den Körper. Der Oberkörper bleibt entspannt, die Beine in der Dynamik der Streckung und der

untere Rücken im Lendenbereich soll sich kontrahieren. Halten Sie während der folgenden Ausführung die Empfindung aufrecht, dass die Beine aus sich selbst heraus die Dynamik- und Bewegungsform bestimmen. Der Oberkörper gleitet entsprechend dieser Beindynamik langsam nach unten. Die Arme können, ähnlich wie sich ausbreitende Flügel (Bild Seite 144), in die Richtung der Zehenspitzen von oben nach unten ausholen, die Bewegung andeuten und die zusammenwirkende Kraft im gesamten Körper fördern.

Gehen Sie in der Übung bewusst langsam vor und vermeiden Sie eine Überstreckung. Der Oberkörper bleibt während der gesamten Ausführung entspannt. Sie spüren im unteren Rücken und Bauchraum eine zusammenziehende Dynamik, die, wenn sie richtig im Zusammenspiel der Gliedmaßen eintritt, eine angenehme Loslösung auf der Gedankenebene gewährleistet. Lassen Sie sich bei der Ausführung der Übung Zeit, damit Sie die rechte Koordination finden und aus dieser heraus das Empfinden eines Vertrauens in den eigenen Körper aufbauen.

Eine einfachere empfehlenswerte Vartiation, bei der ebenfalls das Zusammenwirken von Beinen und Rücken spürbar ist, lässt sich praktizieren, indem Sie ein Bein nach innen anwinkeln und den Oberkörper nach vorne beugen. (siehe Bild) Bei dieser Variation spüren Sie, wie der Rücken und der Oberkörper in ein zunehmendes fließendes Strecken gelangen, dies ganz besonders, wenn die Beindynamik am Boden entlang empfunden und verlebendigt wird. Die Beine öffnen sich entlanggleitend am Boden wie eine Schere.

Die Entwicklung einer projektionsfreien Bewusstseinskraft
Das *ājñā-cakra*

Das *ājña-cakra* in der Mitte der Stirn ist durch die wichtige Hormondrüse der Hypophyse repräsentiert. Diese Hypophyse regelt die meisten Hormonabläufe über einen großen Regelkreis für die anderen im Körper befindlichen innersekretorischen Drüsen. Die Kräfte, die die Hormondrüsen empfangen, sind durch feinste Gedankenätherwesen, durch tatsächliche, eigenständig existierende Wesenheiten gekennzeichnet. Der Ätherleib besitzt hier in diesem Mittelpunkt der Stirn sein Feuerelement, aus dem sich die feinsten, gestaltenden und organisierenden Gedankenschöpferkräfte freisetzen.

Innerhalb der Übungen lernt nun der Schüler die Äthernatur der Gedanken kennen. Er nimmt in einem wahrnehmbaren Fühlen den Gedanken nicht mehr als eine bloße Abstraktion der Gehirntätigkeit wahr, sondern er fühlt in dem Gedanken eine sogenannte lebendige Wesenheit, eine eigenständige, ätherische Existenz. Auch in den Gefühlen bemerkt er ein unabhängiges, eigenes Existenzsein, das er beispielsweise nach der Fachsprache der esoterischen Lehren mit einer Kreation bezeichnen kann. Diese Wesenheiten sind in der Natur oder in der großen *prakṛti-māyā*, in der bewegten Welt der Naturschöpfung, gegeben.

Nachdem dieser Unterscheidungs-, Bewusstseins- und Erkenntnisvorgang einigermaßen getätigt und als Realität wahrgenommen wurde und der Schüler nicht mehr bloße Abstraktionen in den Gedanken und in den Emotionen bloße Wallungen aus dem Gemüte sieht, sondern alle Regungen des Gedanken- und Gefühlslebens innerhalb dieser freien und gegebenen Existenzweisen der Natur erschaut, kann der Übende sich nun seines eigenen Ichs, seiner Möglichkeit der Ich-Tätigkeit bewusst werden, denn nun kann er diese Existenzweisen zu Vorstellungen bilden und aus dem freien Gefüge gestaltbildend und gestaltorganisierend wirken. Er lernt den Mittelpunkt des Hauptes als die zentrale Stelle für die Bewusstseinstätigkeit kennen, die für die verschiedenen Schöpferwesen die eigentliche Arbeitsstelle bildet. Das Bewusstsein wird im Gedankenstoff regsam, gestaltend, wahrnehmend und ausführend tätig. Nicht ein Denken im Sinne eines Materialismus, im Sinne eines bloßen mechanischen Eingebundenseins ist nun der Maßstab des Übens, sondern ein vollkommen freies, losgelöstes Betrachten und wirksames Denken, das etwa wie eine Art reproduzierende Fähigkeit, die durch das Bewusstsein vollzogen wird, verstanden wird. Der Übende wird sich beispielsweise der verschiedenen Wesen der Gedanken bewusst, bildet daraus Vorstellungen und gestaltet diese Vorstellungen in einer gezielten plastizierenden oder modellierenden Gedankentätigkeit aus. Er ist wie eine Person, die einen Arbeitsstoff aus der Umgebung nimmt und diesen Arbeitsstoff in freier Verfügung reproduzieren, bearbeiten und gestalten lernt. Diese freie und gestaltbildende Aktivität, die projektionsfrei ist und ein unmittelbares, schöpferisches Wirken aus dem eigenen Willen und damit aus der eigenen Ich-Tätigkeit aufweist, ist die Lernabsicht, die mit der Entwicklung des feurigen Hauptesmittelpunktes einhergeht.

Die Entwicklung einer projektionsfreien Bewusstseinskraft mit einer freien Wahrnehmung gegenüber den Existenzen der Gedanken ist für den Prinzipianten durchaus schwierig, denn es müssen bereits erste Schritte zur Reinigung und Läuterung des Lebens stattgefunden haben. Die Seele darf nicht mehr so sehr an den Leib gekettet sein, und der Übende muss die Erfahrung finden, dass das körperliche Fühlen ganz anders gelagert ist als das innere seelische Wahrheitsempfinden.

Für den Fortgeschrittenen erweist sich dieses Zentrum als der feurige, strahlende Mittelpunkt des Bewusstseins, von dem aus die reine, vom Leib losgelöste Konzentration ausgeht und über den frei verfügbaren Gedanken den Raum warm, gestaltprägend und lichtvoll erfüllen kann. Ein wahres Liebeswirken und eine schöpferische Liebeskraft erstrahlt aus dem Zentrum des Hauptes.

Der Drehsitz
ardha matsyendrāsana

Das Bild und die Bedeutung der Übung

Das Haupt mit den Sinnesorganen wacht in weiser Übersicht über die übrige Körperlichkeit. Die Sinne bleiben erhaben, unberührt vom Körper in ihrer tätigen, konzentrierten, weisen Lichtesausstrahlung. So, wie der Kopf vollkommen frei über die Spannungen der Körperlichkeit und der mit den Gliedmaßen eingenommenen speziellen Form verweilt und dennoch die auszuführende Dynamik dirigiert, so sollte gleichermaßen das Denken einerseits weise, klar, beobachtend und dirigierend tätig sein und sich dennoch nicht in die Handlung verwickeln. Das Denken sollte frei von Emotionen und frei von den Zugriffen der willentlichen Gebärden des Körpers bleiben. Diese Freiheit des Denkens bei gleichzeitig aktiver Willens- und Empfindungstätigkeit symbolisiert das hohe und erhabene Geheimnis des sechsten Energiezentrums. Eine Reinheit der Seele drückt sich in der weisen und freien Übersicht des Hauptes dann in besonderem Maße aus, wenn das Bewusstsein wachsam und schöpferisch tätig ist und zugleich auch die vorgenommene, gewünschte Bewegungsdynamik durch die Gliedmaßen in eine Formung führt. Der Drehsitz beschreibt diese freie und dennoch schaffende Denktätigkeit, die zu einer stabilen und souveränen Willensgrundlage wird, und deshalb bezeichnet der Drehsitz die hohe Signifikanz der Reinheit im Denken. Diese Reinheit im Denken ist im Bilde des Hauptes mit einer weiten Gedankenklarheit gegeben. Reinheit und Weite im Haupte drücken sich im Bild des Drehsitzes aus.

Zur Ausführung

Die einfachste Art, den Körper in eine aufgerichtete Drehung zu führen, erfolgt im Sitzen mit ausgestreckten Beinen, *vitata matsyendrāsana*. Führen Sie in der Sitzhaltung mit ausgestreckten Beinen die Arme nach oben und strecken Sie die Wirbelsäule aus dem Kreuzbein beginnend aktiv hoch. Achten Sie auf die Klarheit und Bewusstheit im Haupte. Führen Sie dann die Arme von oben herab nach links an die Seite zum Boden und drehen

Sie gleichzeitig die Wirbelsäule in allen Teilen ebenfalls nach links. Auch der Kopf wird in die Drehung einbezogen. Verharren Sie etwa eine Minute in dieser Drehung mit wacher Übersicht des Hauptes. Wechseln Sie dann auf die andere Seite, indem Sie die Arme erneut nach oben führen und den gleichen Bewegungsansatz nach rechts vollziehen.

Eine dem eigentlichen Drehsitz bereits angenäherte Form der Ausführung besteht darin, dass Sie die Beine in angewinkelter Form übereinanderstellen und die Wirbelsäule wieder aus den unteren Regionen aktiv aufrichten und aus der Übersicht des Hauptes die Drehung einleiten. Dabei drücken Sie den linken Ellbogen mitsamt des Unterarmes gegen das rechte Knie, um die Bewegung in die Drehung auszuformen. Der Körper wird nach und nach in die gewünschte Form des Idealbildes geführt. Während dieser Vorbereitungsübung, die bis zu wenigen Minuten Zeit beanspruchen kann, sollte das Haupt klar und die Gedanken weit bleiben. Achten Sie während der Ausführung aller Drehsitzpositionen auf die klar gebildeten und bereits vorweg existierenden Vorstellungen, damit Sie mit zielsicheren Gedanken in die daran folgende Ausformung der Übung hineingehen können.

Für die endgültige Formung des halben Drehsitzes, *ardha matsyendrāsana*, können Sie mit dem linken Arm über das rechte Knie hinweg nach unten zum Fuße greifen und ihn stabil fassen. Die Wirbelsäule richtet sich aus dem Kreuzbein auf und dreht sich in allen Teilen bis einschließlich des Kopfes. Die Schultern bleiben weitgehendst entspannt und der rechte Arm kann zum Halten der Balance sanft auf dem Boden eine Stütze gewähren.

Nach der getätigten Ausführung können Sie die Seite wechseln und ebenso lange die andere Seite einüben. Lassen Sie sich bei allen Drehsitzübungen Zeit und meiden Sie eine zu zwanghafte oder fixierte Bewegungsformung, denn diese würde die Gefahr einer Wirbelschädigung oder Bänderüberdehnung aufkommen lassen. Der Drehsitz zeigt die harmonische Vorgehensweise an, wie aus einem bewussten Gedanken eine exakte Arbeit entsteht und diese sich in der Form, das heißt in einer bestimmten Körpergebärde widerspiegelt. Der Gedanke selbst, der am Anfang liegt, motiviert die Bewegung, aber bleibt selbst von der Bewegung frei. Dadurch entsteht das Bild von Weite und Reinheit im Gedanken.

Der Kopfstand

śirṣāsana

Das Bild und die Bedeutung der Übung

Der Körper ruht in dieser *āsana* umgekehrt und in graziler, vertikaler Form auf dem Kopf. Bereits vom Bilde her wie auch von der auszuführenden, dynamischen Phase zentrieren sich in dieser Stellung alle Energien auf die Region der Stirn. Dynamik, Konzentration, Aufrichtekraft, Gestaltungskraft, Zielstrebigkeit und Klarheit drücken sich in dieser *āsana* aus. Der Kopfstand darf deshalb als eine typische Übung, die mehr die maskulinen Eigenschaften des Lebens betont, bezeichnet werden. So, wie der Schulterstand mehr die ätherische Natur des dynamischen Aufgerichtetseins betont, so äußert im Gegensatz dazu der Kopfstand mehr die strenge, reifliche, mehr aus der Form des Gedankens gestaltete *āsana*. Der Übende erlebt die vertikale Linie ganz besonders intensiv in der umgekehrten Form, da diese im Kopfstand unausweichlich gegeben ist und gleichzeitig durch die Umkehrung in das Bewusstsein rückt. Die vertikale Linie offenbart die Natur des Gedankens, der in sich selbst konkret, klar ist und eine Himmelskraft, eine geistige Substanz selbst darstellt. In diesem Sinnbild, das der lebendigen Erfahrung zugänglich ist, liegt die Bedeutung dieser grazilen *āsana*.

Zur Ausführung

Für die Praxis können vorbereitende Schritte, die ebenfalls für die Entdeckung des Sinnbildes und Bedeutungsinhaltes der *āsana* sehr wertvoll sind, eine unterstützende Hilfe geben. Eine der angenehmsten vorbereitenden Übungen für den Kopfstand, die eine Zentrierung im Sonnengeflecht erzeugt und auf die vertikale Durchstreckung hindeutet, ist das am Boden aufliegende Dreieck, *supta trikoṇāsana*. Obwohl diese Stellung von ihrem Ausdruckscharakter gänzlich vom Kopfstand unterschiedlich erscheint, so ist doch eine gewisse Ähnlichkeit im Empfindungscharakter gegeben. Eine klare Form mit geordneter Zentrierung nach innen ist für beide Stellungen nötig. Legen Sie sich zur Ausführung in die Rückenlage

und lassen Sie den Schultergürtel entspannt. Führen Sie ein Bein nach oben, während das am Boden aufliegende gestreckt und dynamisch bleibt. Achten Sie auf das Zentrum im oberen Bauchraum, von dem aus die Spannung in beide Beine fließt. Diese Zentrierung ermöglicht schließlich beim Kopfstand eine bessere Stabilität.

Setzen Sie sich dann im Fersensitz auf den Boden und bereiten Sie sich auf mentale Weise auf die Umkehrhaltung, die in einer vertikalen Linie ihre Endposition sucht, vor. Legen Sie die Ellenbogen in Schulterbreite auf den Boden und verschränken Sie die Finger kräftig ineinander. Legen Sie sodann den Kopf mit dem Scheitel bewusst auf den Boden und umklammern Sie mit den verschränkten Fingern stabil den Hinterkopf. Richten Sie so die Hüfte direkt über den Kopf. Dies ist die erste vorbereitende Stellung, die einen Weg für das umgekehrte, vertikale Aufrichten bahnt.

Eine nächste Stellung kann erfolgen, indem ein Bein nach oben in die Vertikale gehoben wird. Das andere Bein bleibt noch in gestreckter Form am Boden. Die Stellung heißt *eka pāda śirṣāsana*. Sie ist eine anmutige Geste, die das Aufgerichtetsein im Erleben näher rücken lässt.

Für die Ausführung des Kopfstandes in die Endstellung hinein können Sie entweder das zweite Bein hochführen oder noch einmal zurückkehren und mit beiden Beinen gleichzeitig in die Vertikale hineingehen. Ein anfängliches, zaghaftes Aufrichten kann mit der Zeit überwunden werden, und es kann mit einiger Übung eine stabile Sicherheit den Kopfstand begleiten.

Vermeiden Sie Schwünge. Wenn Sie umfallen, ziehen Sie den Kopf ein und rollen Sie mit dem Rücken ab. Bei hohem Blutdruck, Kopferkrankungen oder Halswirbelsäulendefekten sollten Sie sehr vorsichtig mit dieser Übung praktizieren oder sie gegebenenfalls auslassen.

Im Anfängerstadium ist der Kopfstand meist nur wenige Sekunden praktizierbar. Mit einiger Routine und Erfahrung kann aber die Übung bis zu mehreren Minuten in der statischen Phase praktiziert werden. Üben Sie jedoch nicht zu sehr mechanisch, sondern bleiben Sie sich der Formgefühle, der Sinnbilder und der einzelnen Phasen in der Übung bewusst.

Die Kobra
bhujaṅgāsana

Das Bild und die Bedeutung der Übung

Die Kobra ist vergleichbar mit einer Blüte der Selbstvergessenheit, die unaufdringlich im Licht der Offenheit und bescheidener Hingabe den Raum erfüllt. Der Körper erhebt sich tatsächlich nicht zu einer mächtigen Geste des Aufgerichtetseins, er rundet sich, wölbt sich in anmutiger Rückwärtsbeuge und ruht schließlich in stiller Offenheit im sensiblen Raum. Die Hingabe und Selbstvergessenheit durch ein waches Gedankenleben und durch eine seelische Regsamkeit bei gleichzeitiger bescheidener Rückwärtsbeugung des Körpers bezeichnen diese Übung.

Zur Ausführung

Der Körper befindet sich in Bauchlage, die Füße sind geschlossen. Die Hände liegen unter den Schultern unmittelbar bei den Schlüsselbeinen. Die Bewegung beginnt nun aus der Halswirbelsäule und steigt entlang am Rücken bis hinunter in die Kreuzbeinregion. Heben Sie als Erstes den Kopf, formen Sie die obere Brustwirbelsäule und schließlich die mittlere Brustwirbelsäule in die Durchstreckung und heben Sie mit sanfter Hilfe der Arme den Körper immer weiter in die Durchstreckung empor. Die Kraft zum aktiven Einsatz sollte hauptsächlich aus der Wirbelsäule kommen. Die Arme selbst geben dem Körper nur eine begleitende Führung, damit er nicht nach vorne kippt und die einzelnen Bewegungen leichter aufeinander abgestimmt werden können.

Bleiben Sie sich während der Ausführung der Stirnesregion bewusst. Ganz besonders kann das sensible Bewusstsein der Wachheit und Übersicht empfunden werden, wenn die statische Phase, das heißt die höchste Bewegung in der Kobra, mit weitester Durchstreckung der Brustwirbelsäule erreicht wird. Diese Position ist von intensiver Ruhe begleitet.

Die Kobra selbst beschreibt ein anmutiges Bild. Der Körper ist nicht breit, die Beine bleiben schmal, auch die Schultern neigen sich leicht nach hinten. Nicht das Hochrichten, sondern das Durchstrecken ist von wichtigster Bedeutung, denn der Körper wird nicht nur nach oben in eine größere Ebene angehoben, er wird viel mehr innerhalb der Bewegung wieder kleiner, denn das Rückwärtsbeugen offenbart ein Bewusstsein der meditativen Hingabe, und es drückt sich eine beschauliche, angenehme Bescheidenheit in der Stellung aus.

Die Grundstellung kann für sehr Routinierte und Fortgeschrittene bis zur Königskobra weiter entwickelt werden. In der Königskobra offenbart sich eine erhabene Hingabe und Selbstvergessenheit. Sie ist in der Regel nur nach langen Jahren des Übens erreichbar. Junge Menschen, die noch nicht zu einem reifen Ich erwacht sind, können manchmal diese Königskobra auf spielerische und mehr kindliche Weise ausführen. Das Ziel aber ist es, die Bewegung im Ausdruck der Reife und des Bewusstseins zu erleben. Deshalb ist für die Arbeit mit dieser Körperübung eine umfassende, langatmige und vielseitige Arbeit, gepaart mit Studiengängen zur geistigen Entwicklung, verbunden.

Das Rückwärtsbeugen ist in jungen Jahren leicht zu bewältigen, da die Wirbelsäule noch sehr geschmeidig ist und die Stoffwechselkräfte sehr uneingeschränkt und erbauend fließen.

Alle Bewegungen mit der Wirbelsäule nach rückwärts geschehen nicht vordergründig mit einem hohen Krafteinsatz, sondern mit gelassener Entspannung des Denkens, auf die die Entspannung des Körpers erfolgt.

Edle Hingabe und meditative Offenheit drücken sich in diesen Bewegungsformen aus. Der Körper weicht in seiner vitalen Dominanz zurück, er wird unaufdringlicher, gewährt einen großen Raum für Anderes.

Dieses Loslösen von materiellen oder vitalen Dominanzen ist das Sinnbild des Rückwärtsbeugens. Um das edelmütige Rückwärtsbeugen im stilvollen Ausdruck und in unaufdringlicher Vollkommenheit zu erlernen, muss sich der Prinzipiant als Erstes von den materiellen Abhängigkeiten loslösen lernen. Dann ist auch in älteren Jahren die geschmeidige, hingebungsvolle rückwärtige Flexion wieder möglich.

Die Förderung der Urbildekraft und die Entwicklung einer frei verfügbaren Entschlossenheit
Das *mūlādhāra-cakra*

Die Urbildekraft, die sich in der Regel im ersten Lebensjahrsiebt entfaltet, ist körperlich gesehen mit der gesunden Morphologie der Organe und der harmonischen Stoffwechselkraft der Organe in Verbindung. Die Organe bilden das menschliche, artgemäße Eiweiß und sie müssen für diese Tätigkeit die nötige Festigkeit, Struktur und Form aufweisen.

Die Entschlossenheit ist eine ganz besondere, intensive Kraft in der Seele, die die Urbildekraft in den Organen voraussetzt und dann gewährleistet ist, wenn eine naturgemäße Freiheit und Reinheit gegenüber den sinnlich schweren Körpermächten mit ihren Ängsten und Abhängigkeiten entwickelt ist. Eine lebendig-dynamische Expression der Leichtigkeit und der Unabhängigkeit erwachen bei der Praxis mit den Yogaübungen, wenn sich die Seele der Kraft der Entschlossenheit annähert. Der Atem selbst wird reiner und leichter, freier von den begehrenden Mächten des körperlichen Abhängigseins. Es ist eine Reinheit im Atem in Form einer Unversehrtheit und Unabhängigkeit. Die Qualität des Atems spricht sich in der Seelenanlage von wahrer Entschlossenheit durch die unberührbare Unabhängigkeit aus.

Die Entschlossenheit aus einem inneren, willentlich gut verankerten Bewusstsein wird im Sanskrit mit *vyavasāya* benannt. Der Schüler entwickelt sie hauptsächlich, wenn er in seinem *tapas*, in seiner spirituellen Disziplin, Gedanken und Ziele so lange verfolgen lernt, bis er sie zu einem gewünschten Ergebnis geführt hat. Nicht auf einer halben Strecke der Erfahrung beendet der Übende sein Vorhaben, er setzt es kontinuierlich mit Weisheit und Vernunft fort, bis er seine Angelegenheit zu einem zufriedenen, runden Ergebnis entwickelt hat.

Die Urbildekräfte des Leibes und der Organe stärken sich beim Studium, wenn sich der Schüler auf dem Wege mit ganzem Bewusstsein den Inhalten einer anderen Wirklichkeit hingibt und sich dabei gewahr bleibt, dass er sie noch nicht ausreichend verstanden hat. Durch die Hinwendung an Inhalte, Gedanken und auch an Übungen, die bisher noch nicht in der eigenen Erfahrung wurzeln und eine höhere Dimension des Seins beschreiben, entsteht eine Herausforderung an den Willen und es wird ein inneres Kräftewirken im Stoffwechsel angeregt, das schließlich zur Festigkeit des gesamten inneren Leibes und der Persönlichkeitsstrukturen beiträgt. Es ist aber sehr wichtig, dass es sich bei den Übungen um tatsächliche spirituelle Aufgaben handelt und der Übende sich wirklich bewusst ist, dass er die Spiritualität noch nicht versteht und er sich selbst erst in jene kühne Aufnahme mit Wahrheitssuche und Wahrheitsforschung bewegen lernen muss.

Auf die Körperübungen bezogen lernt der Übende die Hinwendung und Hingabe, indem er sich von den Launen des Körpers, von den Sympathie- und Antipathiegefühlen befreien lernt und mit klaren, dynamischen Vorsätzen in die Übungen hineingeht. Er hält die Übung in der Zeitdauer so lange er sie sich in der Vorbereitung vorgenommen hat. Der Vorsatz, eine Übung ohne Beiwerk gemäß einer klar gebildeten Vorstellung zielstrebig auszuführen, ist ebenfalls hilfreich, um die inneren Stoffwechselkräfte zu stärken.

Das *mūlādhāra-cakra* ist das Kraftzentrum des physischen Leibes und ist gleichzusetzen mit dem feinstofflichen Element der Erde. Im fortgeschrittenen Verlauf einer geistigen Schulung fordert es für die vollendete Entwicklung die strengste Disziplin zu Selbstkontrolle und Selbstmeisterschaft. Eine makellose Reinheit im Handeln und eine unausweichliche Zielrichtung in Gedanken, eine absolute, vortreffliche Kontrolle der Emotionen sind zu bewerkstelligen, damit dieses Zentrum zur innersten Kraft- und Energieumsetzung gelangt. Diese vollständige Meisterschaft ist jedoch für die Schüler kaum erreichbar, und deshalb genügt es, wenn die eingangs erwähnten Gedanken zur Reinheit und Entschlossenheit eine erste Basis bilden.

Die Beinstellung
utthita eka pāda hastāsana

Das Bild und die Bedeutung der Übung

Die anmutige und anspruchsvolle aufgerichtete Beinstellung bewirkt eine Anregung für das Aufrichtevermögen des gesamten Körpers. Das Zentrum des Aufrichtens liegt am untersten Ende der Wirbelsäule. Der Übende richtet sich selbst sowohl mit den Beinen als auch mit dem Rücken entgegen der ziehenden, beschwerenden und widerständigen Gravitation auf. In dieser Aufrichtungsbemühung liegt die erste elementare Bedeutung der *āsana*.

Von einer tieferen esoterischen Sicht markiert sich durch diese Bewegung ein inneres seelisches Bild. Die Beine sind in der Regel die natürlichen Gehwerkzeuge, mit denen der menschliche Bürger auf der Erde steht und sich fortbewegt. Aus einer kosmologischen Sicht, die auf das innere Bild des Menschen bezogen ist, sind die Beine aber nicht nur Gehwerkzeuge für das irdische Leben, es sind die Beine vielmehr die unmittelbaren Ausdrucksorgane für das Herzwirken und für die Herzenskraft. Das Herz selbst ist das Persönlichkeitszentrum, und die Beine sind die Ausdrucksorgane für die Wirkungskräfte dieses Herzens.

Nun begibt sich der Übende bei der Ausführung von *utthita eka pāda hastāsana* in eine zunehmende Aufrichtedynamik und lernt, das nach oben geführte Bein immer mehr in die Vertikale zu stellen, bis er sogar mit dem zweiten Arm über den Kopf greifen kann und einen geschlossenen, einheitlichen Kreis bildet. Der Übende ist somit zwischen Erde und Himmel, zwischen einem Unten und einem Oben ausgespannt und hält mit den Armen kreisförmig das obere Bein fest. Die Arme und das hochgestellte Bein, die miteinander den Kopf einschließen, beschreiben ein sogenanntes Polygon, eine Art vieleckige Herzform. Wenn das Herz und die Willenskräfte in ausreichendem Maße entwickelt sind, so kann eine Synthese von Erde und Himmelskräften entstehen, und diese Synthese drückt sich in einem allumfassenden, kosmischen Herzen aus. Dies ist die innere Imagination, die seelische Bedeutung der Übung.

Diese Stellung führt zu einem Erleben der Zusammengehörigkeit des ersten und des siebten Zentrums.

Das Aufrichten eines Beines entgegen der Schwerkraft fördert die Fähigkeit, den eigenen Willen zu ergreifen, ihn zu benutzen und ihn in der Welt einzusetzen. Die Übung selbst führt dadurch zu einer außerordentlichen Fertigkeit im Leib-Seele-Verhältnis, denn je besser der eigene Wille ergriffen wird, desto förderlicher und aufrichtiger kann die Begegnung des Individuums mit der Welt erfolgen.

Zur Ausführung

Die Entspannungsphasen zwischen den Übungseinsätzen sind im geistigen Sinne auch zu nutzen, um die mentale Ausrichtung, Vorstellung und entschlossene Haltung gezielt zu fördern. Nicht auf gymnastische, sondern auf geordnete, mental gesammelte Weise erfolgt der Übungsaufbau.

Sie werden beim Üben bemerken, dass gerade diese Stellung eine Art Indikator für die Lebenskräfte darstellt. Besteht eine mentale oder seelische Schwächung, so lässt sich die Balance nur unter sehr großer Mühe herstellen. Die Konzentrationsfähigkeit steht im Zusammenhang mit dem Nervensystem, und dieses ist besonders stark, wenn das Denken frei und klar geschult und der Wille in einen geordneten Handlungsvollzug gebracht wird. Die Lebenskräfte steigern sich mit der wachsenden Konzentrationsfähigkeit, die nicht allein auf körperlicher Vitalität, sondern auf der Basis des freien Denkens, inniglichen Empfindens und gezielten Willenslebens beruht.

Erinnern wir uns, dass mit jeder *āsana* nicht nur eine körperliche Pose eingenommen wird, sondern dass das Bewusstsein in eine besondere, spezifische Empfindung eintaucht, diese kennen lernt und sie im Ausdruck über den Körper zu einem künstlerischen Bild realisiert. Zur Ausführung wird deshalb zuerst sorgfältig das Bild der Stellung, ihre Form und ihre Bewegungsdynamik einstudiert.

Stellen Sie sich dann fest auf das linke Bein und ergreifen Sie mit der rechten Hand den rechten Fuß an der Außenseite und führen Sie, möglichst aus der Dynamik des untersten Rückens getragen, dieses Bein nach oben hoch. Lassen Sie den Oberkörper, den Nacken und die Schultern weitgehendst entspannt.

Halten Sie die Stellung in der für Sie möglichen Endphase etwa bis zu zwanzig Sekunden. Der Oberkörper sollte sich möglichst wenig krümmen. Die Aufrichtekraft entspringt aus der untersten Wirbelsäule und aus der Dynamik der Beine. Der Atem fließt beständig frei, die Augen sind geöffnet und die mentale Haltung ist ruhig, beobachtend, anteilnehmend, jedoch darf eine willentlich klare Entschlossenheit bestehen.

Mit zunehmender Übung oder im fortgeschrittenen Verlauf können Sie das Bein weiter nach oben in die Vertikale führen und den Oberkörper hierzu ebenfalls aus dem untersten Rücken vertikal aufrichten. (Bild Seite 172)

Wenn das Bein einmal in die Vertikale tendiert, so können Sie von dem rechten Fuß die Zehenspitzen ergreifen und in aufgerichteter Balance ebenfalls bis zu zwanzig Sekunden die Endstellung halten. (Bild Seite 173) Der Körper wird erlebt wie ein eleganter, aufgerichteter Papyrus.

Sie werden ein Gefühl bemerken, dass Sie mit zunehmender Aufrichtekraft nicht wirklich in erdenferne Vorstellungen entgleiten, sondern ganz im Gegenteil sich mehr mit dem Boden verwurzelt und mit der Persönlichkeit stabilisiert fühlen. Diese Empfindung ist eine Wirkung, die aus den sehr feinen Schwingungsprozessen des ersten und siebten Zentrums entsteht. Mit wachsender Aufrichtekraft entwickelt sich die Festigkeit im Erdelement.

Üben Sie immer beide Seiten jeweils drei bis fünf Mal. Kurze Entspannungs- und Konzentrationspausen sind zwischendurch sehr empfehlenswert, da die Übungen anstrengend sind.

Die Schiefe Ebene
pūrvottānāsana

Das Bild und die Bedeutung der Übung

Aus der entspannten, aufgestützten Sitzhaltung mit gestreckten Beinen hebt der Übende den Rumpf in die weitmöglichste Streckung empor und drückt in einer großen Durchstreckung der Beine die Fußsohlen flach auf den Boden. Der Körper ist in die nahezu horizontale Lage ausgespannt. Diese horizontale Lage ist wie der Gegensatz zum vertikalen Ausgespanntsein und unterscheidet sich daher grundlegend in ihrer Art. Die horizontale Lage ist ein Sinnbild für die irdische Welt, während das vertikale Ausgerichtetsein die Himmelsdimension des Menschen widerspiegelt. Hier begibt sich der Übende bewusst in die Durchspannung seines Körpers und hält sich in der horizontalen Ausgesetztheit für eine vorgenommene Zeitdauer stabil. Mühsam stützen die Arme den ausgespannten Körper. Es ist ein stilles Erleben des schmerzlichen Willensverhaftetseins des Körpers in der Welt, des Sein-Müssens in der Welt, des Zugehörigseins des Körpers zu der Vergänglichkeit. Der Kopf fällt während der Stellung locker in den Nacken zurück und signalisiert, wie ungern er mit seinem gedanklichen Beteiligtsein an diesem horizontalen Ausgespanntsein in der Welt mitwirkt.

Zur Ausführung

Beginnen Sie mit einer Sitzhaltung und mit gestreckten Beinen am Boden. Die Hände mit den Fingern nach rückwärts stützen den Körper. Lassen Sie den Kopf zunächst noch in erhobener Haltung und bereiten Sie sich auf mentale Weise auf die große Durchspannung, auf das Ausspannen des Körpers in die horizontale Lage vor. Nehmen Sie sich für die Endphase der Stellung eine Zeitdauer von mindestens einer halben Minute oder besser sogar, bis zu einer Minute vor. Atmen Sie frei, gelöst und bleiben Sie zunächst entspannt.

Nach einer kurzen Sammlung in der Vorbereitung heben Sie in einer großen Bewegung den Körper hoch und lassen schließlich den Kopf in den

Nacken zurückfallen. Atmen Sie in freiem Fließen weiter und drücken Sie die Fußsohlen flach auf den Boden. Bewahren Sie eine ruhige Klarheit und Heiterkeit während der Ausführung. Der Körper in seinem Ausgespanntsein in der horizontalen Lage darf durchaus als eine vergängliche Entwicklungsstufe betrachtet werden.

Entspannen Sie sich nach der Ausführung ein bis zwei Minuten in der Rückenlage und lassen Sie das Bild der Stellung nachwirken.

Mit dem Üben dieser einzelnen, anspruchsvollen Stellungen wird es bald deutlich, dass Sie mit der *āsana* den Körper wie ein Werkzeug oder Instrument benützen und mit Hilfe dieses Werkzeuges über die aktiv geformte Empfindung in einen speziellen seelischen Zustand eindringen. Sie gehen nicht, wie das heute fälschlicherweise in verschiedenen Yogadisziplinen der Fall ist, in das leiblich-körperliche Innere hinein, sondern in das lichte, freie, vom Körper unabhängige seelische Erleben. Der Körper selbst nimmt tatsächlich nicht mehr als einen funktionalen Charakter an. Er offenbart die Aktionen der Seele, die gedachten Gedanken, die belebten und realisierten Gefühle, aber er bleibt dennoch mehr der Körper, der auf seiner Ebene von den höheren Trägern des Bewusstseins und des Geistes abhängig ist. Außergewöhnlich wichtig ist diese Unterscheidung: Der Übende tendiert nicht zu einem besonders stimulierten Körpergefühl, er versenkt sich nicht in das leiblich-organische Innere, er benützt den Körper instrumental. Wie der Musiker ein Musikinstrument benützt und sich mit Hilfe des Klanges, den das Instrument erzeugt, in das Musikstück hineinhört, so begibt sich der Übende mit bewusster Empfindung über die Willenshandlung mit dem Körper in das seelische Wahrnehmen und Wissen und erlebt sich daher frei über dem Körper. Er übt mit dem Körper, aber er gleitet nicht in das körperliche Abhängigsein oder psychische Gebundensein an diesen hinein, denn er führt die Bewegung zu einem Erleben, das feiner, neuartig und frei von jeder Emotionalität ist. Wird von dem Übenden dieses Verständnis und die Unterscheidung über den Körper und über die seelische, ganz anders gelagerte Innenwelt errungen, kann eine große Schöpferkraft mit Freiheit und altruistischer Liebe zum Leben erwachen.

Die Pfauenstellung
mayūrāsana

Das Bild und die Bedeutung der Übung

Der Pfau beschreibt ebenfalls ein Ausgespanntsein in der Horizontalen, jedoch nun ganz anders als bei der Schiefen Ebene. Der Kopf ist hier ein Teil der waagrechten Linie, und der Körper sucht gezielt seine Mitte auf den stützenden Händen. Ein gezieltes, tiefes Hineingehen in die ureigene und doch bewusst fassbare Willensdynamik drückt sich in dieser Bewegungsform aus. In genau bemessener Spannungsverteilung und -verlagerung begibt sich der Übende in die horizontale Linie. Er begibt sich, wie das Bild der Übung ausdrückt, nun mit seinem Empfinden tiefer in seine eigene Inkarnation und in die Erdensphäre hinein. Der Pfau ist ein Ausdruck für ein tieferes Hineingehen in die Inkarnation, ein Ausdruck für den Weg der Seele, die die Tiefe des Erdendaseins sucht.

Zur Ausführung

Das erste Zentrum kennzeichnet sich durch die Fülle der Entschlusskraft. In dieser Übung drückt sich, fast ähnlich wie in der Schiefen Ebene, dieser seelische Bedeutungssinn aus, indem der Übende aus der Ruhe in die exakte Kraftumsetzung der Bewegung übergeht. Aus der klaren Übersicht, Entspannung und Vorbereitung erfolgt der gezielte, wohl abgestimmte Bewegungsmoment, der durch seine zielgeführte Dynamik sogleich zur Statik in der Stellung führt.

Beginnen Sie im einfachen Fersensitz. Bereiten Sie sich auf das Bild der Übung mental vor. Setzen Sie dann ein Stück weit vor den Knien die Hände auf den Boden mit nach hinten gerichteten Fingern. Legen Sie die Ellbogen so nahe wie möglich zusammen und stützen Sie diese in die Magengrube. Heben Sie dann sogleich den Kopf hoch und verlagern Sie so weit wie möglich das Körpergewicht nach vorne. Nachdem Sie den weitesten Punkt der Verlagerung nach vorne erreicht haben, können Sie in die Durchstreckung mit den Beinen in die Horizontale gehen.

Die Entwicklung von vollständiger Körperfreiheit
Das *sahasrāra-cakra*

Im siebten *cakra*, im *sahasrāra-cakra*, der Scheitelregion des Hauptes, liegt das verborgene Potential zu einer vollständigen Freiheit gegenüber dem persönlichen, körperlichen Erleben verborgen. Hier, auf dieser Stufe kann sich der Grundsatz des Seelenlebens, der sich in *tat tvam asi*, »Das bist Du« ausdrückt, – das ist die schon erwähnte Bedeutung des Seelenseins, der Ausdrucksart im anderen, denn alle Taten, alle Gedanken und alle Gefühle, die wir im menschlichen Sein hegen, drücken sich viel mehr im anderen aus als in uns selbst – offenbaren. In der Seele sind wir nicht das, was wir erreichen, sondern das, was wir gegenüber der Welt durch unsere Gedanken und Gefühle aussenden. Wir können auch von der Tatsache ausgehen, dass wir immer an jenem Orte sind, zu dem wir unsere Aufmerksamkeit oder unsere Zielrichtung ausrichten. Wenn wir an eine Sache denken, so ist in Wirklichkeit unsere Seele auch an dem Ort des Objektes. Sind die Sorgen aber auf das eigene Ego bezogen, so liegt die Aufmerksamkeit im eigenen, engen Kreis des persönlichen Ich-Gefühles. Der Gedanke an einen Menschen, wenn er ehrlich und weit ausgerichtet ist, führt die Seele hinüber zu dem anderen Menschen. Wir sind deshalb in der Seele tatsächlich dasjenige, was wir denken, fühlen und in Zielstrebigkeit wollen. Unsere Seele ist nicht auf den Körper beschränkt, sie ist in einer ständig bewegten Dynamik und fluktuierenden Extension zu den verschiedensten Interessensgebieten ausgerichtet.

Dieser Lerngrundsatz sollte sich nun beim Üben noch einmal konkretisieren. Wir beschäftigen uns mit den verschiedensten geistigen Inhalten, eruieren Begriffe des geistigen Lebens und erforschen diese schließlich bis hinein in ihre profunde Bedeutung. Wir entwickeln eine tiefe Beziehung zu den einzelnen Sinnbildern einer Übung oder einer Ausdrucksweise, die durch eine künstlerische Offenbarung gegeben ist, und wenden uns deshalb den verschiedenen Objekten der Welt hin. Unsere Seele wird zu den Möglichkeiten gelangen, die wir selbst im Innersten erstreben und schließlich bewusst oder unbewusst erarbeiten. Sie wird in jenen Gefühlen leben, die durch die Arbeit aus den Wesenskräften der Objekte geboren sind. Wir entwickeln beispielsweise einen Sinn für ein erstrebenswertes, wahres, ethisches Bewusstsein und können mit der Zeit durch diese Entwicklung, die wir in lebendigen Gefühlen, Empfindungen und Einsichten anstreben, im Leben und in den Übungen diesen Ethos ausdrücken. Durch die Übungsweise erfahren wir uns selbst im Sinnbild der zu erstrebenden Bewusstheit. Wir erleben das seelische Sein durch die Bewusstseinsidentität des Wesens selbst. Hierin liegt die geistige Bedeutung von *tat tvam asi*. Nicht in der Grenze des Körpers eingebunden, sondern im Wesen des Interesses, in der Liebe zu anderen, in der begeisternden Anteilnahme zu einer Sache ruht der tiefe Sinn eines seelischen Seins. Dieser Sinn des seelischen Seins kann hier noch einmal auf der siebten Stufe, in der alle bisherigen Lernschritte vereint werden, in die bewusste Erfahrung gelangen.

Damit diese Authentizität in einer bewegten seelischen Anteilnahme und Gedankenwirksamkeit möglich ist, muss eine Festigkeit in der Persönlichkeit bestehen, denn sonst würde sich die Gefahr zeigen, dass der Schüler sich selbst auf dem Pfad verliert und nur weltenferne, strukturlose Vorstellungen produziert, die wenig Kraft zur Verwandlung des Lebens aufweisen.

Das erste Energiezentrum, *mūlādhāra-cakra*, gewährt die Sammlung, Verankerung der Strukturierungen, der Formkräfte und bildet die Ursubstanz in den Organen, das siebte Zentrum, *sahasrāra-cakra*, ermöglicht die unmittelbare Durchgeistigung, die bis in den physischen Leib und damit bis in die Ursubstanz der Organe eindringen kann. Wenn das erste Zentrum stark und gefestigt ist, bildet das Gedankenleben ebenfalls feste und klare Formen, und sogar der einzelne, für sich stehende Gedanke kann in wesenhafter Existenz eine Krafteinheit mit klarer Formgestalt bilden.

Das erste Zentrum schenkt die Struktur, Kraft und Festigkeit im Gedanken, das siebte Zentrum ermöglicht die größte Freiheit, *mokṣa*, und Selbstlosigkeit im Denken. Im siebten Zentrum vollbringt sich die Weltengerechtigkeit der ewigen Transzendierung.

Der Lotus
padmāsana

Das Bild und die Bedeutung der Übung

In *padmāsana*, der klassischen Lotusposition, drückt der Übende die unmittelbare Einheit des Gedankens mit dem Körper aus. Die Einheit des Gedankens mit dem Körper offenbart die Stufe der Realisation. Diejenigen Gedanken, die der Mensch auf intensive Weise pflegt und zu seiner innersten Zielabsicht führt, leben zunächst in seiner Ätheratmosphäre, dann bewirken sie eine innigliche, empfindsame Bewusstheit in der Seele und schließlich, in der letzten Stufe, gleiten sie in das Innerste seines Willens und seines Selbstdaseins. Der Körper wird dann in dieser letzten Stufe ein Ausdruck des Gedankens selbst. Hierin liegt die Sinnbedeutung der Lotushaltung. Sie ist die klassische Meditationshaltung des Yoga, die Einheit und Realisierung verdeutlicht.

Zur Ausführung

Es gibt verschiedene Sitzhaltungen, die für eine Meditation oder für eine Konzentrationsübung vorteilhaft sind. Der halbe Lotus ist beispielsweise eine Vorstufe zum ganzen Lotus. Ein Bein ruht dabei noch unter dem Gesäß, während das andere Bein in die Leistenbeuge abgewinkelt wird. Die Knie sind am Boden. Ist es möglich, auch das zweite Bein über das erste zu führen, so kann der ganze Lotus praktiziert werden.

Arbeiten Sie langsam, geduldig, weniger durch Intensität, sondern mehr durch Wiederholung an dieser Übung. Auch für den Westen ist der Lotus eine geeignete Meditationshaltung, da er eine Zentrierung der Körperenergien schenkt und die Wachheit des Bewusstseins fördert. Anfangs wird der Lotus nur wenige Sekunden eingehalten werden können, mit der Zeit jedoch können sich die Gelenke an die ungewöhnliche Form gewöhnen, und es gelingt, den Lotus mühelos zu halten.

Der Skorpion
vṛścikāsana

Das Bild und die Bedeutung der Übung

Der Skorpion ist eine relativ schwierige Übung, die mit einem großen Sprung beginnt und die sich schließlich in anmutiger Geste wie ein großer, aufgestellter Halbmond offenbart. Der Kopf ist relativ weit vom Boden abgehoben, und die Beine schweben wie schwerelos in der Halbmondform im Raum. Der Übende erlebt sich tatsächlich wie schwebend, erdlosgelöst, gleichzeitig fühlt er in subtiler Nähe zu seinem Körper ein Gefühl, das ihm besagt, dass alle Formen des Lebens sehr schnelllebig, wandelbar und damit vorübergehend sind. Gerade hier, in dieser Stellung, kann der Übende die Formen in ihrer Wandlung sehen und eine Ahnung bis in die bewusste Erfahrung bringen, dass das Leben selbst im Allerinnersten der Seele hohe und unvergängliche Werte besitzt, die irdische Erscheinungsform jedoch den sterblichen Gesetzen unterliegt. In dieser Transparenz des Erlebens von vergänglichen, sterbenden Formen zu Werten des ewig bewegten Unvergänglichen liegt der Bedeutungssinn der Übung.

Zur Ausführung

Der Skorpion ist eine sehr fortgeschrittene Stellung, die erst nach der Absolvierung von vorbereitenden Grundstellungen versucht werden sollte. Bereiten Sie sich im Fersensitz auf den gewagten Sprung in den Raum vor. Nachdem Sie das Bild des Skorpions in der Vorstellung herangebildet haben, können Sie die Unterarme auf den Boden richten und in den Sprung nach oben ausholen. Weit hebt sich der gesamte Körper in den Raum hinein. Der Kopf sollte von Anfang an gehoben bleiben.

Wenn Ihnen diese Bewegung der dynamischen Phase gelingt, so können Sie die statische Übungszeit bis zu einer Minute ausdehnen. Entspannen Sie sich nach der Ausführung in der Rückenlage.

Das Pferd

vātāyanāsana

Das Bild und die Bedeutung der Übung

Auf beiden Füßen stehend, selbstverständlich im Gleichgewicht eingefügt, stabil geerdet, mit dem Rumpf und Haupt aufgerichtet, bewegt sich unser menschlicher Körper auf dem Erdboden vorwärts. In der Stellung *vātāyana*, die übersetzt heißt »jemand, der rennt wie der Wind«, befindet sich der Körper plötzlich sehr erdlosgelöst, sensibel im Gleichgewicht, mit einem Knie und einem Fuß auf der Unterlage balancierend, und sucht sich aus diesem unsicheren, kaum wahrnehmbaren Stand die Aufrichtung in die vertikale Dimension. Ein sehr deutliches Gefühl der umliegenden kosmischen Atmosphäre, die von außen und von überkommender Weite auf das eigene persönliche Leben hereinwirkt, die größer als der Körper ist, die eine unermeßliche Freiheit beinhaltet, begleitet die sensible Perzeption in der Übung. Kaum kann der Übende das Gleichgewicht und die Stabilität innerhalb dieses hereinflutenden Gefühls bewahren. Der Übende fühlt sich im Pferd sehr nahe mit den überkommenden transzendenten Welten konfrontiert, da er nur auf sehr geringfügige Weise die Erdenfestigkeit spüren kann. Im Pferd fühlt sich der Übende den Elementen des Kosmos sensibel näher gekommen, und dadurch gewinnt er eine Ahnung von der ewigen bestehenden Transzendenz des Universums, mit der er immerfort in unbewusster Verbindung steht.

Zur Ausführung

Der gewöhnliche Stand im Stehen lässt sich als physische Festigkeit erleben. Der Übende aber verlässt nun diesen stabilen und selbstverständlichen Stand und begibt sich auf einen Weg der Verfeinerung, in dem er einen empfindsamen Gleichgewichtszustand wählt. Er fühlt sich dabei, als wenn er von einem Element in ein anderes, von einem Erdenelement in ein Luftelement gleitet und auf diese Weise das physische Gewohnheitsleben überschreitet. Er tritt gewissermaßen bei der Ausführung aus dem physischen Leib heraus und erlebt die feinere Luftatmosphäre.

Die Ausführung geschieht von oben nach unten, vom Stehen in den sensiblen Kniestand übergehend. Wie bei der Stellung des Baumes ist ein Bein in die Leistenbeuge angewinkelt. Tasten Sie sich dann mit den Händen nach unten, suchen Sie das Gleichgewicht im Stand auf dem Knie und auf einem Fuß und richten Sie dann wieder die Wirbelsäule und das Haupt vertikal auf. Falten Sie zuletzt die Hände auf Herzhöhe zu *ātmāñjali-mudrā* zueinander.

Eine leichtere Variation, die keine so große Hüftflexibilität abverlangt, ist möglich, wenn Sie das Bein nicht zum halben Lotus in die Leistenbeuge anwinkeln, sondern es am Boden gewinkelt ausstrecken. Üben Sie jede Stellung auf beiden Seiten. (Bild Seite 191)

Wieder eine andere Variation entwickelt sich, wenn Sie die Arme aus dem *ātmāñjali-mudrā* gestreckt nach oben über den Kopf führen. In dieser Stellung entsteht eine noch höhere Anforderung an das Gleichgewicht.

Beim Pferd ist es günstig, wenn Sie die Aufrichtekraft der Wirbelsäule erspüren und den Körper in das vertikale Lot führen.

Eine methodische Reihe zum Übungsaufbau

Gemäß der beschriebenen Einzelübungen kann nun ein systematischer Übungsaufbau erfolgen, der eine Bewusstseinsarbeit, und damit die Entwicklung der sieben *cakraḥ* einschließt. Das erste Zentrum in der Entwicklung beschreibt einen Neubeginn oder ein Neugeborenwerden des Bewusstseins im Herzen. Durch die Arbeit mit der Seelendimension des Yoga entwickeln sich tatsächlich ganz neue Grundempfindungen und Wahrnehmungen, es gewinnt das Leben eine seelische Tiefe und eine nachweisbare verjüngende Belebung. Von dieser Herzmitte ausströmend, die die Neugeburt der Individualität über die Entwicklung eines gehobeneren seelischen Seins offenbart, strömen die Impulse nach und nach zu der Eroberung der nächstfolgenden einzelnen Energiezentren. Vom Herzen ausgehend wird das dritte und das fünfte Energiezentrum in den Sinnzusammenhang eingebunden, dann in einer nächstfolgenden Intensivierung das zweite und das sechste Zentrum, und schließlich, in der schwierigsten und größten Umsetzung, das die Aktion des Bewusstseins, das Licht in seiner ureigenen Erkenntnis sucht, die Erschlüsselung des ersten und siebten Zentrums. Aus den feinen Bewusstseinsströmen des Neugeborenwerdens im Herzen entwickeln sich wie kreisförmige Radien die Energieströme bis in die tiefer und höher liegenden *cakraḥ*. Auf dieser natürlichen, inneren seelisch-geistigen Bewegung, die ihr eigenes Sein durch die inneliegenden feinstofflichen Leiber zum Ausdruck bringen möchte, gewinnt eine Übungsreihe ihre weisheitsvolle Bedeutung.

Sie können eine Reihenfolge beispielsweise wie folgend praktizieren:

Eine Übung, die das *anāhata-cakra* in die Erfahrung führt,
zum Beispiel: der Baum, *tāḍāsana*

eine Übung, die das *maṇipūra-cakra* belebt,
zum Beispiel: der Pflug, *halāsana*

eine Übung, die das *viśuddha-cakra* sensibilisiert,
zum Beispiel: der Halbmond, *āñjaneyāsana*

eine Übung, die für das zweite Zentrum bewusstseinsbildend wirkt,
zum Beispiel: die weite Dehnung, *koṇāsana*

eine Übung, die das *ājñā-cakra* betrifft,
zum Beispiel: der Drehsitz, *matsyendrāsana*

eine Übung, die das erste Zentrum einbezieht,
zum Beispiel: die Schiefe Ebene, *pūrvottānāsana*

eine Übung, die eine Erinnerung an die Einheit des siebten Zentrums,
schenkt, zum Beispiel: der Lotus, *padmāsana*

Indem Sie auf diese Weise mit sieben Einzelübungen eine gesamte Reihe erstellen, bemerken Sie ganz tief in der verborgenen Seele, wie das Licht des Bewusstseins zu einer Vergeistigung des ganzen Leibes absteigen und sich manifestieren will. Sie folgen dann in Ihrer Seele einem Weg, der vom Geiste, von oben nach unten, von einem Gedanken ausgehend, von der ersten Idee zu der tieferen Empfindung und schließlich zu der Manifestation im Willen kommen möchte. Der Weg durch die einzelnen Energiezentren ist ein Weg der Ätherisierung und Vergeistigung des Leibes. Der seelische Gehalt, der in den Übungen liegt, der tiefe Sinn der Gedanken und Empfindungen will in das Innere eindringen und sich zu einem Teil der Persönlichkeit manifestieren.

Bei allen Übungen ist ein strenges Schema nicht notwendig. Sehr wichtig ist die Entwicklung eines Verständnisses für die einzelnen Energiezentren, die für das seelische Sein die feinstofflichen Sammelstellen sind. Sie können dann, wenn Sie die einzelnen Übungen kennen gelernt haben, zu den Zentren auch mehrere Übungen beifügen. Sie können beispielsweise diese Reihe, wie sie angegeben ist, praktizieren oder andere Übungen einsetzen, wie anstelle des Baumes z. B. die Zehenspitzenstellung, oder Sie können an der Stelle des zweiten Zentrums auch mehrere Übungen einsetzen. Wichtig ist es nur zu verstehen, wie die Bewusstseinsarbeit von oben nach unten durch die einzelnen Energiezentren zur Manifestation kommen möchte.

Das Üben in einer Reihenfolge kann von Ihnen frei gewählt werden und es können verschiedenste Schwerpunkte zu einer einzelnen Übung darin ihren Platz finden. Der schematische Ablauf dient mehr der Anregung zu einer natürlichen Empfindung, jedoch sollte das Üben nicht in einen strengen Schematismus gepresst werden. Lernen Sie die Bewegung der einzelnen Energiezentren kennen, beschäftigen Sie sich mit den Empfindungen zu den Übungen und gewinnen Sie durch eine wiederholte Praxis wahrere seelische Identitätsgefühle.

In den beiden Zeichnungen sind die Planeten im Zusammenhang mit den Energiezentren abgebildet. Indem der Übende eine Transformierung des gesamten Seelenlebens entwickelt, schließen sich gewissermaßen die Energiezentren zu den bestehenden Kreisen zusammen. Das Herz bildet den Anfang, von dem über die oberen Zentren die lebendigen Ätherströme ausfließen und die Energiezentren mit feinen Substanzen erfüllen.

Das Sonnengebet

sūrya namaskara

Dieser Übungszyklus aus zwölf Teilbewegungen eignet sich zur Entwicklung einer aufbauenden Wirbelsäulenspannkraft und zur Durchwärmung des Körpers. Das Sonnengebet ist deshalb eine günstige gymnastische Erwärmungsübung, die am Anfang einer Übungspraxis stehen kann.

Die seelisch-geistige Bedeutung des Sonnengebetes können Sie am leichtesten erfassen, wenn Sie die Sonnenkraft, die im traditionellen Sinne angebetet und verehrt wird, mit der schöpferischen Gedankenkraft gleichsetzen. Was ist die schöpferische Gedankenkraft? Sie ist nicht nur eine exklusive Neigung, die der erwählte Künstler auf seinem Fachgebiet zum Ausdruck bringt; sie ist ein, wenn auch meist unterentwickelter Teil der Seele eines jeden Menschen. Die schöpferische Gedankenkraft ruht als ein heilsames und spirituelles Potential im innersten Zentrum einer jeden Individualität.

Wenn Sie heute einen hohen und edlen Gedanken mit Zielstrebigkeit und einem Bedürfnis nach Verwirklichung denken, so wird dieser Gedanke gemäß seines Wesenszustandes, *bhāvan*, einmal durch die Stufen der Entwicklung gleiten und zur Realisierung gelangen. Aus dem Mutterboden, aus dem schöpferischen, noch undifferenzierten Urbeginn, gelangt der Gedanke einmal zur fixen, erlebbaren und existenten Wirklichkeit, die mit Vater benannt werden kann.

Mit diesen Überlegungen lassen sich die zwölf Teilbewegungen, die mit jeder Bewegung symbolisch einen Monat markieren und die im Gesamten die Erdumlaufzeit um die Sonne darstellen, mit einem Mantra verbinden.

Wiederholen Sie zu jeder einzelnen Bewegung eine Zeile des Mantras. Bleiben Sie sich der Vorstellung bewusst, dass jeder Gedanke, der einmal gedacht und zielstrebig gewollt wird, Monat für Monat in die Realisierung kommen wird.

Die Erde kreist nach Kopernikus um die Sonne. Nach Ptolemäus aber umkreist die Sonne die Erde. Ein Gedanke, der in Wirklichkeit ein Sonnenbürger ist, umkreist unser Leben und manifestiert sich einmal im Herzen. Monat für Monat senkt sich der gedachte, empfundene und gewollte Gedanke in unser Inneres hinein. Eventuell benötigen wir ein ganzes Jahr, bis ein Gedanke der Spiritualität verstanden und in der Erkenntnis oder in der Tat realisiert ist.

In diesem zyklischen Reifen des Gedankens- und Erkenntnislebens liegt die Bedeutung des 12-teiligen Sonnengebetes.

Dieses Mantra lautet:

> Aus dem Mutterboden wächst das Selbst (1)
> in sprießender Energie, (2)
> wie ein Knabe (3)
> zum Schüler wird, (4)
> den das Lernen (5)
> zum Bitten führt, (6)
> wachend (7)
> zur großen Prüfung, (8)
> treue Ergebenheit (9)
> im Dienst, (10)
> führt den Jüngling (11)
> zum Vater. (12)

1 »Aus dem Mutterboden wächst das Selbst«

Die Hände sind vor der Brust gefaltet; der Beginn erfolgt mit der Ausatmung. Ordnet man die beginnende Geste des Sonnengebetes dem Jahreslauf zu, so entspricht sie der tiefsten Winterszeit, dem Dezember, der Weihnachtszeit, das ist der Geburtsmonat des Christus und zugleich ist dieser Monat, in dem die Raunächte beginnen, die Zeit, in der die kommenden Ideen für das Jahr gesät werden.

2 »in sprießender Energie«

Der Rücken wölbt sich nach oben, aufwärts, dynamisch nach hinten; Einatmung. Die Stellung entspricht dem Monat Januar. Der Gedanke sprießt und reift im Inneren unsichtbar weiter.

3 »wie ein Knabe«

Intensive Dehnung nach vorne bei gleichzeitiger Ausatmung. Der Gedanke reift im Monat Februar weiter, bleibt aber noch unoffenbar wie der Keimling unter der Erde. Der Gedanke ist wie ein Knabe, der noch nicht die Mündigkeit und Bewusstheit des Lebens erlangt hat.

4 »zum Schüler wird«

Die Stellung wird entgegen der klassischen Form noch weiter entwickelt und zum Halbmond aufgerichtet. Einatmung. Der Monat März. Das Frühjahr des Denkens beginnt.

5 »den das Lernen«

Atem anhalten, Kopf in der Schiefen Ebene gerade halten. Der Monat April. Der Gedanke erwacht zu einer greifbareren Form, kommt aus dem sprießenden, undifferenzierten Sein hervor und wird konkreter. Er erfährt sich durch das Lernen.

6 »zum Bitten führt«

Ausatmen. Wer einen Gedanken verwirklichen möchte, der erlebt, wie er ohne Hingabe und ehrfürchtigem Bitten keinen wahren Erfolg haben kann. Der Monat Mai.

7 »wachend«

Die Wirbelsäule wölbt sich dynamisch zur Kobra, Einatmung. Der Monat Juni. Wachheit auf dem Realisierungsweg eines Gedankens führt zur Unterscheidung und stellt eine Wegstrecke des Gesamten dar.

8 »zur großen Prüfung«

Auf dem Weg gibt es oft entscheidende Augenblicke, die durch das Bewusstsein erkannt, gedeutet und bewahrt werden müssen. Der Monat Juli; der Höhepunkt des Sommers, der Leidenschaft. Ausatmung.

9 »treue Ergebenheit«

Nach der Triangel erfolgt die Einatmung und die Wiederholung des Halbmondstandes mit den Armen über dem Kopf. (Bei der klassischen Ausführung bleiben die Hände am Boden.) Der Monat August, das Ende des Sommers. Ausdauer und Treue zum Ziel sind auf dem Weg erforderlich.

10 »im Dienst«

Ausatmung. Intensive Dehnung wie bei der vierten Stellung. Der Monat September. Jeder Gedanke fügt sich in den sozialen und darüber hinaus geistig bestehenden Weltenplan hinein.

11 »führt den Jüngling«

Einatmung und großes dynamisches Aufrichten in den Halbmond. Der Gedanke, der über ein Jahr gedacht, belebt, erforscht, zielstrebig gewollt und konzentriert in der Idee der Spiritualität bewahrt bleibt, wird offenbar als eine jugendliche Lebenskraft. Die Mitte des Herbstes, der Monat Oktober.

12 »zum Vater«

Ausatmung. Der Zyklus endet im gewöhnlichen Stand. Nun ist der Gedanke im Inneren reif geworden und die Person des Übenden fühlt sich eins mit dem Gedanken. Der Monat November, die tiefste Zeit des Herbstes.

Eine Meditation zu den drei Kreisen

Eine unmittelbare, punktuelle Meditation sollte nicht auf die einzelnen Energiezentren erfolgen, da sie auf isolierte und monotone Weise nicht in ihrer inhaltlichen und universellen Bedeutung angesprochen werden. Die hier beschriebene Meditation öffnet ein erstes Verstehen, wie jedes Zentrum mit persönlichen Fähigkeiten korrespondiert und wie darüber hinaus ein immerwährender Einfluss aus den kosmisch übergeordneten geistigen Sphären diese Zentren belebt, ernährt und durchgeistigt.

I. Partizipation

Stellen Sie sich für diese Meditation zuerst einmal einen Kreis vor. Der Kreis ist ein Sinnbild für Einheit, Ewigkeit und ein unendliches Fließen von geistigen, sonnenhaften Kräften. Entwickeln Sie dann, nachdem Sie eine Sinnbedeutung über das geometrische Zeichen eines Kreises gewonnen haben, ein Bild über die *āsana*, die wir mit »Zehenspitzenstellung« benannt haben, *pādāṅguṣṭhāsana*. Diese *āsana* bildet nun die greifbare Mitte zu den folgenden Vorstellungen.

Denken Sie sich nun weiterhin einen großen Kreis, der diese, ihre Stellung umgibt. Der Kreis besteht aus den verschiedensten Personen, die ihr soziales und menschliches Umfeld umschließen: Arbeitskollegen, Freunde, Bekannte, Familienangehörige, Personen, mit denen Sie in einer Verbindung stehen oder einmal gestanden haben, eventuell sogar wichtige Verstorbene, denn auch diese strahlen mit ihrer Seele nahe in ihr Umfeld, sowie auch die aktuellen Verhältnisse, die Ihnen vom Gefühl her nahe stehen. Alle diese Personen und die daran geknüpften Verhältnisse können Sie zu einem Kreis verbinden, der ihr individuelles soziales Umfeld bildet.

Denken Sie diesen Kreis wie ein lebendiges Fluidum, das fortwährend um Sie strahlt und genau im Herzen jede Minute einen neuen Mittelpunkt sucht. Stellen Sie sich die *āsana* von diesem Kreis umgeben vor. Dieses Zentrum am Herzen, das sich aus dem äußeren Kreis bildet, ist schließlich die Herzmitte oder das Zentrum des ersten Selbstgefühls, *anāhata-cakra*.

II. Partizipation

Indem abstrakte Vorstellungen nach exakten, der Wirklichkeit der Weltenkräfte vergleichbaren Bildern über längere Zeit betrachtet, gedacht und darauf mit ersten innniglichen Erfahrungen empfunden werden, erweitert sich das Verständnis über die unsichtbare und dennoch bestehende Einheit, in der jeder Mensch und die ganze Menschheit mit den höheren Wirklichkeiten des Kosmos webt und lebt. Die Vorstellung selbst ist wie eine Art abstraktes Gesetz, das aber über die innere Empfindung eine tiefe Einsicht und Bewusstheit in das persönliche Erleben eröffnet.

Das Herzzentrum entfaltet sich in seiner Harmonie, wenn es durch eigenständige Aktivität gelingt, das persönliche, soziale Umfeld zu ordnen und nach spirituellen Kriterien zu bereichern.

Die nächsten Zentren, die sich in der Entwicklung entfalten, sind das dritte und das fünfte Zentrum, *maṇipūra-* und *viśuddha-cakra*. Diese beiden Zentren gehören in einer gewissen Einheit zusammen und können daher als ein weiterer abstrakter Kreis verstanden werden. Nehmen Sie für die Vorstellung wieder eine typische *āsana*, die jene Bewusstheit vom dritten und fünften Zentrum beinhaltet. Dies ist beispielsweise die klassische Kopf-Knie-Stellung. Diese Stellung ist zwar vorwiegend durch das *maṇipūra-cakra* gekennzeichnet, sie stellt jedoch in ihrer Gesamtheit und vollkommenen Ausdrucksart das entwickelte *manas*, das reine, bildhafte, ungetäuschte Wirklichkeitsdenken (Imagination), oder anders ausgedrückt, das beseelte, zur Erde, zu den Mitmenschen, zu Pietät und Freiheit gerichtete Denken des Menschen dar. Nehmen Sie die Vorstellung eines großen Kreises, der so weit wie die Erde selbst ist und stellen Sie sich vor, wie sich dieser Kreis schließlich verdichtet, zentriert und in der Übung von *paścimottānāsana* das dritte und fünfte Zentrum miteinander verbindet.

Wenn diese beiden Zentren harmonisch entfaltet sind, nehmen Sie im Umkreis die Seele der gesamten Erde auf und Sie können ordnend auf den Astralleib bei sich und bei anderen einwirken.

III. Partizipation

Setzen Sie dann die Übung fort, indem Sie einen erneuten Kreis in die Vorstellung führen, der so groß wie die Bewegung der Sonne um die Erde ist. Gehen Sie ganz bewusst von dem ptolemäischen Weltbild aus, das die Sonne um die Erde kreisen lässt und die Erde im Mittelpunkt erachtet. Stellen Sie sich diesen großen Sonnenkreislauf erfüllt mit lichten Wesen vor und wählen Sie wieder eine *āsana*, die diesem Kräftewirken, das in diesem Umkreis lebendig ist, entspricht. Diese *āsana* ist im günstigen Beispiel die Kobra. Als Meditationsbeispiel ist sogar die vollständige Ausführung geeignet, da diese *āsana* die kosmisch sonnenhafte Liebe darstellt. Sie ist ein Ausdruck für die neu belebten Schöpferkräfte im sechsten, *ājñā-cakra*, und im zweiten Zentrum, *svādhiṣṭhāna-cakra*, die, wenn entwickelt, Feuer und Liebe für ein wirkliches Fühlen der Meditation darstellen. Lebendige Kräfte der Konzentration fließen in diesen Zentren und bewirken im Menschen die Kraft zur schöpferischen, empfangenden Inspiration und zur heilenden Ausstrahlung des Fühlens für andere Geschöpfe.

Lassen Sie in der Vorstellung den Kreis immer näher zu der *āsana* rücken, bis er schließlich aus dem weiten, übergeordneten Umfeld des Sonnenraumes verdichtet und zentriert im zweiten und sechsten Zentrum seine Ruhe findet. Der Kreis selbst aber bleibt in seiner einheitlichen Geschlossenheit erhalten, er ist weit und nahe, offen und geschlossen, makrokosmisch und mikrokosmisch, warm und lebendig.

Sind die beiden *cakraḥ* vollständig, integral und bewusst entwickelt, so ist der Grad der Verwirklichung in die sogenannte *buddhi* fortgeschritten. Der Mensch fühlt sich mit dem Wesen des Sonnenlaufes geeint und ist selbst bis hinein in den Ätherleib heilsam bei sich und bei anderen tätig.

IV. Partizipation

Der letzte und anspruchsvollste Schritt der Verwirklichung des Lebens ist die Vergeistigung, die bis hinein in die Zellen des physischen Leibes reicht. Denken Sie sich einen noch größeren Kreis, der über den Sonnenlauf bis hin zu dem entfernten Saturn reicht. Der Saturn ist der Planet, der für Weltenkarma und Weltengerechtigkeit steht. Sehr lange dauert die Umlaufzeit des Saturns.

Wählen Sie eine geeignete *āsana*; das ist beispielsweise die Beinstellung mit vollständiger Aufgerichtetheit. Diese Beinstellung steht im vollendeten ästhetischen Ausdruck sinnbildlich für das entwickelte siebte und das entwickelte erste Zentrum. Es darf aber der Fehler nicht eintreten, dass Sie glauben, wenn Sie durch Flexibilität die Beinstellung technisch perfekt ausführen können, auch das siebte und erste Zentrum entwickelt zu haben. Für die Entwicklung dieser Zentren ist es ebenso wie für die anderen nötig, die Weltengesetze auf spirituelle Weise zu studieren, das Leben von Makeln zu reinigen und neue Fähigkeiten zu einem schöpferischen, heilsamen Dienst am gesamten geistigen Leben zu entwickeln. Alle Entwicklung geschieht aus dem Geiste und deshalb wird die Meditation auf den großen Kreis eines unfassbaren Umfeldes ausgerichtet. Aus diesem höheren Kreis bildet sich schließlich der Abdruck des persönlichen Lebens und gestaltet das erste und siebte Zentrum aus.

Indem Sie diese Vorstellungen meditativ pflegen, verlieren sich die kleinlichen, sorgenbeladenen Ängste über den physischen, sterblichen Leib und Sie werden bemerken, dass die Aufmerksamkeit und der Blick weit in den Raum zu richten sind, damit aus der größeren Einheit die zugehörige Empfindung im Inneren erlebt werden kann. In der Seele sind Sie tatsächlich mit diesen großen Kreisen verbunden. Nach dem Tode werden Sie mit ihrer Seele in diese weiten kosmischen Sphären eingehen und Sie werden so viel wie Sie im Eifer und Mut an Einsichten, Diensten und Mitgefühlen verwirklicht haben, an den zugehörigen Realitäten der Kreise teilhaben.

WEITERE TITEL VON HEINZ GRILL:

Kosmos und Mensch –
ein Weg der Selbsterkenntnis und Selbstheilung
durch das Studium des Yoga, der Anatomie und
Physiologie des Körpers
3-935925-63-8

Erkenntnisgrundlagen zur Bhagavad Gita
Der östliche Pfad des Yoga und der westliche
Pfad der Nachfolge Christi
3-935925-62-X

2 CD – Der Selbstwerdeprozess inmitten von
Hingabe und Individuation
3-935925-64-6

Der Archai und der Weg in die Berge
Eine spirituell-praktische Anleitung in der
Ergründung der Wesensnatur des Berges
3-935925-65-4

Erziehung und Selbsterziehung
Die Seele als schöpferisches Geheimnis der
werdenden Persönlichkeit
3-935925-66-2

Erklärung, Prophylaxe, Therapie der Krebs-
krankheit aus ganzheitlicher medizinischer
und spiritueller Sicht
3-935925-67-0

Initiatorische Schulung in Arco, Band VI
Gemeinschaftsbildung und Kosmos
Die Individualität im Verhältnis zur Universalität
Karma und Reinkarnation
3-935925-61-1

Initiatorische Schulung in Arco, Band V
Die Seelsorge für die Verstorbenen
3-935925-68-9

Initiatorische Schulung in Arco, Band IV
Der Hüter der Schwelle und
der Lebensauftrag
3-935925-69-7

Initiatorische Schulung in Arco, Band III
Ein neuer Yogawille für ein integratives
Bewusstsein in Geist und Welt
3-935925-70-0

Initiatorische Schulung in Arco, Band II
Übungen zur Erkenntnisbildung der
höheren Welten
3-935925-71-9

Initiatorische Schulung in Arco, Band I
Die Herzmittelstellung und die
Standposition im Leben
3-935925-72-7

Verborgene Konstellationen der Seele
Wie wirken das Ich, der Engel, Erzengel und
Archai im Werden der Seele?
3-935925-73-5

Cass. Die Wirkungen von Karma aus
seelisch-geistiger Sicht
3-935925-75-1

Die Orientierung und Zielsetzung des
»Yoga aus der Reinheit der Seele«
Eine exoterische Arbeitsgrundlage
3-935925-77-8

Die geistige Bedeutung des Schlafes
3-935925-78-6

Cass. Die Philosophie des Yoga und die
verschiedenen Arten der christlichen Einweihung
und der Einweihung der Bhagavad Gita
3-935925-79-4

Cass. Die Zunahme von Ängsten und
ihre Heilung – Selbsterziehung und
unterstützende Maßnahmen bei Ängsten
3-935925-81-6

Cass. Die Bedeutung von Gebeten und spirituellen
Übungen auf die jenseitige Welt des Totenreiches
3-935925-83-2

Über die Einheit von Körper, Seele und Geist
Vorträge vom Frühjahr und Sommer 1997
3-935925-84-0

Geistige Individuation innerhalb der Polaritäten
von Gut und Böse
Das Bewußtsein an der Schwelle zur geistigen Welt
3-935925-85-9

Die Wirksamkeit des Heiligen Geistes in
Sakrament und Wort – Ein ökumenischer Beitrag
3-935925-87-5

Lebensgang und Lebensauftrag für Religion
und Kirche – Eine autobiographische Skizze
3-935925-88-3

Die Kirche und ihr geistiger Weltenzusammenhang
3-935925-89-1

Die Angst als eine jenseitige Krankheit
Praktische und spirituelle Grundlagen zur
Überwindung von Depressionen und Ängsten
3-935925-91-3

Die Heilkraft der Seele und das Wesen des
selbstlosen Dienens
3-935925-92-1

Die Vergeistigung des Leibes
Ein künstlerisch-spiritueller Weg mit Yoga
3-935925-93-X

Die sieben Lebensjahrsiebte, die sieben Energiezentren und die Geburt aus Geist und Wasser
3-935925-94-8

Die Offenbarung nach Johannes
Vorträge über das geheimnisvolle Dokument
3-935925-95-6

Yoga und Christentum
Grundlagen zu einer christlich-geistigen
Meditations- und Übungsweise
3-935925-96-4

Lieder in Hingabe an Gott
3-935925-97-2

Das Hohelied der Asanas – Fortgeschrittene Asanas –
ihre geistige Bedeutung und praktische Ausführung
3-935925-98-0

Ernährung und die gebende Kraft des Menschen
Die geistige Bedeutung der Nahrungsmittel
3-935925-99-9